M. BASILEA SCHLINK: DIE IHN LIEBEN

D1720688

M. BASILEA SCHLINK

DIE IHN LIEBEN

Evangelische Marienschwesternschaft
Darmstadt-Eberstadt

ISBN 3 87209 260 X

1. Auflage 1961
8. Auflage 1993
46.-47. Tausend

© Verlag Evangelische Marienschwesternschaft,
Darmstadt-Eberstadt, 1961
Alle Rechte vorbehalten – Printed in Germany

Übersetzt in 12 Sprachen

Herstellung: Druckhaus West GmbH, Stuttgart

INHALTSVERZEICHNIS

ICH HABE WIDER DICH...

Ob es uns schon einmal so ergangen ist, daß
uns plötzlich das Wort Jesu beunruhigte und zu
einem Stachel in unserem Herzen wurde: „Ich
habe wider dich, daß du die erste Liebe verlassen hast" (Offb. 2,4)? So erfuhr ich es vor 20 bis
25 Jahren. Es war eine Zeit, in der ich sehr im
Wirken für das Reich Gottes stand. Mein Leben war ganz davon ausgefüllt – Jugendarbeit
und Reisedienst, mit vielen mühevollen Vorbe-
reitungen und Strapazen verbunden, Bibelkur-
se, Vorträge und Seelsorgedienst erforderten
ganzen Einsatz. In der Kriegszeit waren die Menschen durch die mancherlei Leiden hungrig nach
Gottes Wort, die Säle und Kirchen bei den Vorträgen überfüllt. Das Wort wurde dankbaren
Herzens aufgenommen, wie viele Echos bezeug-
ten. Die Zeit reichte schier nicht aus, all den
Anforderungen nach Bibelkursen quer durch
Deutschland in Gemeinden und Gemeinschaf-

ten nachzukommen. Sollte das mein Herz nicht befriedigen? Ja, ich war dankbar, in diesem Dienst für Jesus stehen zu dürfen. Außerdem hatte ich die Freude, mit einer Freundin zusammenzuleben, die alles, was mich innerlich erfüllte und was meinen Dienst ausmachte, mit mir trug.

Was sollte diesem reichen Leben im Dienst für das Reich Gottes noch fehlen? Ging dabei nicht alles um Jesus? So dachte ich. Doch dann kam eine Stunde – ich weiß nicht mehr, ob es beim Hören und Lesen des Wortes Gottes war oder im Gebet –, da brachte mich ein Wort in große Unruhe. Es war dies Wort von der „ersten Liebe", das als absoluter Maßstab der Heiligen Schrift mir mein Glaubensleben und meinen Dienst für Jesus fragwürdig werden ließ. Als ich im Zusammenhang damit das scharfe Urteil Jesu über den Leiter der Gemeinde von Ephesus hörte, fragte ich mich plötzlich: Spricht Jesus auch über mich dies scharfe Urteil? Ruft Er mir zu: Tue Buße, siehe, von welcher Höhe du gefallen bist, und kehre um? Wie steht es mit deiner „ersten Liebe"? – Es war mir noch nicht klar, was die Schrift unter „erster Liebe" versteht, doch eines erkannte ich: daß es mit meiner Liebe zu Jesus nicht stimmte. Damals, als der lebendige Herr in mein Leben getreten war, hatte da nicht eine andere Liebe in meinem Herzen gebrannt? Hatte ich vielleicht inzwischen die Liebe zu Jesus mit der Liebe zu meinem Dienst, der mich ausfüllte und befriedigte, verwechselt?

Beim Lesen des Sendschreibens an die Epheser in Offenbarung 2 fiel mir dann auf, daß Jesus so viel Anerkennendes und Lobenswertes über den Leiter sagt, so daß man eigentlich daraus folgern müßte, dieser habe in der rechten Liebe zu Jesus gestanden. Jesus spricht von seiner Sonderung von allem Bösen, von seinem Ausharren in Nöten und Schwierigkeiten, von seinem Kämpfen und Dulden. Und doch richtet ihn Jesus gleichzeitig so scharf mit dem Wort: „Ich habe wider dich, daß du die erste Liebe verläßt!" Dies beunruhigte mich noch stärker, und ich fragte mich wieder: Was ist denn nun „erste Liebe", wenn all das, was Jesus an dem Leiter hier rühmt – und was mein Dienst noch nicht einmal aufwies –, nicht der Ausdruck jener „ersten Liebe" ist, auf die es Ihm ankommt?

Es beunruhigte mich, daß Jesus droht, seinen „Leuchter umzustoßen", also der ganzen, scheinbar blühenden Gemeinde das Todesurteil zu sprechen, nur weil Er die „erste Liebe" nicht mehr fand. So sah ich meinen ganzen Dienst in Frage gestellt, denn mir wurde klar: Wenn die „erste Liebe" nicht da ist, kann alles andere Lobenswerte unseres Dienstes nicht verhindern, daß er letztlich unter dem Gericht steht. Ich begriff, daß es etwas ganz Entscheidendes um dieses Bleiben in der „ersten Liebe" sein muß, die vor Gott so schwer wiegt. Und ich erkannte, daß es ohne diese „erste Liebe" nicht möglich ist, in unserem Dienst wahre Frucht zu bringen und das Ziel der Herrlichkeit, die Hochzeit des Lammes, zu erreichen. Doch dieses Ziel um jeden Preis zu erlangen war mein großes Sehnen.

Auf meine Frage: Was meint der Herr mit der „ersten Liebe", deren Verlassen Ihm den größten Schmerz bereitet, fand ich nach längerer Zeit im Gebet die Antwort. Sie kam mir von 1. Korinther 13 her. An diesem Kapitel war mir in ähnlicher Fragestellung im Blick auf die Liebe zum Nächsten aufgegangen, daß es immer das Entscheidende der Liebe ist, in allem den anderen zu suchen, und nicht etwa vielleicht aus Heroismus oder Idealismus die Habe den Armen zu geben und den Leib brennen zu lassen, wobei man doch letztlich, wenn auch unbewußt, die Entfaltung des eigenen Ichs im Auge haben kann. Damit war der Schlüssel dafür gegeben, was es um die „erste Liebe", die Liebe zu Jesus ist, die Er in Offenbarung 2 von Seinen Gläubigen fordert. Jetzt verstand ich: Es geht bei dieser „ersten Liebe" noch in ganz anderer Weise als bei der Liebe zum Nächsten um eine Liebe, die nicht sich selbst sucht, sondern den anderen, den Einen – es geht dabei um unsere Beziehung zu unserem Herrn Jesus Christus als ein persönlichstes Verhältnis der Liebe zu Ihm.

Und nun leuchtete Gottes Geist in mein Leben hinein. Ja, sicher war es so, daß ich Jesus als meinen Herrn und Erlöser erkannt und im Glauben angenommen, mich Ihm aus Liebe zum Dienst zur Verfügung gestellt hatte. Es war so, daß mein Leben Ihm gehören und Ihn verkündigen sollte. Und dennoch war mein Verhältnis zu Jesus im Laufe der Jahre, zunächst wohl unmerklich, immer weniger von dieser Liebe bestimmt, die nur Ihn sucht.

Man könnte als menschlichen Vergleich das Verhältnis einer Frau zu ihrem Mann nehmen, die ihm einmal um seiner selbst willen aus Liebe das Ja gegeben hat. Jahre sind inzwischen darüber hinweggegangen. In ihrer Ehe steht sie ihm treu zur Verfügung, sorgt für ihn und trägt sogar die Lasten seines Berufes in ganzer Verantwortung mit ihm. Doch ihr Mann spürt: Es fehlt das Eigentliche, ihre persönlichste Beziehung zu ihm ist nicht mehr die gleiche wie während der Brautzeit. Sie gibt nicht sehr viel darum, mit ihm allein zu sein; sie drängt nicht immer zu ihm hin, sie stellt nicht als erstes ihm ihre ganze Zeit zur Verfügung, sondern nimmt diese ebenso gern für die Arbeit, in der sie ganz aufgeht, wenn sie auch meint, nur für ihn zu wirken.

Ich erkannte, daß meine Beziehung zu meinem

Herrn Jesus Christus im Laufe der Zeit solch einem Verhältnis ähnlich geworden war. Wenn ich sonntags oder sonst einmal etwas Zeit fand, trieb es mich, mit Menschen, mit denen ich mich verstand und die ich liebte, Austausch zu haben, dieses oder jenes anregende Buch zu lesen oder etwa die Natur zu genießen. Oder ich ging noch mehr in der Arbeit auf, in dem Dienst, der mich ausfüllte. Zu Jesus selbst trieb es mich damals nicht als erstes hin. Meine Liebe war eine geteilte Liebe – sie gehörte ebensoviel wie Jesus einem Menschen oder dem, was mein Interesse gerade ausmachte. So nahm ich auch freie Zeit nicht vor allem dafür, die Stille des Gebetes zu suchen und in ein Gespräch der Liebe mit Jesus zu kommen. Ich hatte nicht das Verlangen, viel bei Ihm zu sein und auf Seines Herzens Anliegen zu hören, Ihm Freude zu machen. Wie meine Gedanken hier- und dahin schweiften, wenn sie nicht fest eingespannt waren, so eilten meine Füße auch, sowie ich frei war, woandershin und nicht an einen stillen Ort zum Gebet, wo doch Jesus auf mich wartete.

Doch wahre Liebe sucht den anderen. Und da Jesus die Liebe selber ist, wie geschrieben steht: „Gott ist Liebe", so sucht Er uns und wartet auf unsere Liebe, die allezeit Ihn allein meint und sucht. Jesus kann durch nichts sonst befriedigt werden als durch unsere Liebe. Und darum genügt es Ihm nicht – so wichtig dies ist und so nötig es auch immer sein wird –, daß wir in ganzem Einsatz in unserer Arbeit stehen und geduldig unsere Lasten tragen, daß wir das Böse hassen und es nicht dulden. Jesus will mehr, Er will die persönliche Hinneigung unseres Herzens zu Ihm, nicht nur einmal, wenn wir die Gnade der Vergebung und Erlösung zum ersten Mal erfaßt haben, sondern immer aufs neue. Das ging mir plötzlich für mein eigenes Leben auf, und gerade an dem Text jenes Sendschreibens. Denn hier steht nicht von der Liebe zu Jesus als von einer allgemeinen Liebe zu Gott, von der wir oft einen unklaren Begriff haben und die neben mancherlei anderer Liebe in unserem Herzen Platz finden kann. Nein, in diesen Worten spricht Jesus unmißverständlich klar von einer bestimmten, von der „ersten Liebe", um die es geht.

Mehr und mehr erkannte ich, als ich darüber betete, daß hier nur eine Liebe gemeint sein kann, nämlich die bräutliche Liebe. Denn von der Liebe einer Braut zu ihrem Bräutigam sprechen wir als von der „ersten Liebe". So soll uns die Liebe einer Braut Anschauungsunterricht geben, was Jesus unter der „ersten Liebe" zu Ihm versteht. Mein Herz wurde traurig, wenn ich an diese erste Liebe einer Braut dachte; denn von deren Kennzeichen: ganz nur vom Bräutigam erfüllt zu sein und zu ihm hinzustreben, trug meine Liebe zu

Jesus so gut wie nichts mehr an sich. Ja, alles, was die bräutliche Liebe kennzeichnet, – daß sie einseitig ist, allem anderen absagt, daß sie verschwenderisch liebt, törichte Dinge tut und dem Geliebten alles opfert –, war in meiner Liebe zu Jesus nicht zu finden.

Immer stärker überführte mich Gottes Geist, daß ich dies eine und Wichtigste, auf das es Jesus ankommt, diese „erste Liebe", diese persönlichste Liebe zu Ihm, verloren hatte. Vielleicht hatte ich mich sogar in den Jahren vorher gerühmt, daß mein Christsein so nüchtern und darum in Ordnung sei. Wie viele Menschen hatte ich mich wohl über die fehlende „erste Liebe" mit dem Gedanken hinweggetäuscht, daß diese – wie in einer guten Ehe – ja abklingen und sich in eine „reife, abgeklärte" Liebe verwandeln müsse, die eben mehr sachlich und nüchtern sei. Doch nun erkannte ich, daß es mir gerade an der wahren Nüchternheit fehlte, in der ich mich selber richtig gesehen und in meiner Sünde beurteilt hätte, nämlich daß ich das Gebot Jesu nicht ernst nahm mit Seiner Forderung, Ihn über alle Dinge, von allen Kräften und mit allem Vermögen zu lieben. Ja, wer in der „ersten", dieser verschwenderischen, törichten Liebe steht, ist nüchtern – so wurde mir klar, denn er handelt nach dem ersten Gebot. Und kann man überhaupt „zuviel tun", wenn es um den geht, dessen Liebe ohne

Maß ist? Weil ich nicht mehr erfaßt war von Seiner Liebe, von Seiner Herrlichkeit und Schöne, darum fehlte mir diese Liebe, darum galt mir das Wort: Du hast verlassen!

Im Schmerz darüber fing ich nun an, mich nach der Erneuerung dieser „ersten Liebe" nicht nur zu sehnen, sondern darum zu bitten. Ich wußte jetzt, ich muß diese Liebe um jeden Preis bekommen, wenn ich nicht einst vor der verschlossenen Tür des Hochzeitssaales stehen will. Ich muß in ihr bleiben, wenn mein Dienst für Jesus nicht unter dem Urteil stehen soll, daß „mein Leuchter weggestoßen" und Er mich wie eine unfruchtbare Rebe wegwerfen und verbrennen wird, weil ich nicht in inniger Liebe wie die Rebe mit dem Weinstock mit Ihm verbunden bin. Jetzt erfaßte ich, daß in der Liebe allein das Leben ist, das durch unseren Dienst wieder bei anderen Leben, das heißt Liebe zu Jesus, entzünden kann.

Als das Sehnen nach dieser Liebe und die Bitte darum immer stärker wurden, erkannte ich, warum ich diese „erste Liebe" verloren hatte und nun so schwer zu ihr durchdrang. Es stand neben meinem etwas geteilten Herzen hindernd im Wege, daß ich nicht so über meine Sünde weinen konnte. Deshalb begann ich darum zu beten, daß der Herr mich demütige und mir ein zerbrochenes Herz geben möchte, damit ich

Ihm wie die große Sünderin in Lukas 7 weinend zu Füßen falle, um Ihm dann aus großem Dank für Sein Vergeben die wahre Liebe zu erweisen.

Und der Herr, der immer auf Bitten antwortet, die nach Seinem Willen sind, wie es die Bitte um das gebeugte Herz ist, tat es auch hier. Er demütigte mich im Lauf der nächsten Jahre durch mancherlei schwere Gerichts- und Züchtigungswege, die Er mich führte. Und tatsächlich, in dem Maße, wie ich zum Weinen über meine Sünden kam und mich im Geist als armer Sünder Gott und Menschen zu Füßen werfen, mich vor denen, an denen ich schuldig geworden war, beugen konnte, schenkte Er mir eine persönliche Liebe zu unserem Herrn Jesus.

Seitdem ich nun Jesus so lieben lernte, ist mein Leben unsagbar reich und glücklich geworden. Ich habe volle Genüge gefunden. Ich darf ja den lieben, für dessen Liebe das Wort gilt: „Wie schön und wie lieblich bist du, du Liebe voller Wonne" (Hohl. 7,6). Hinfort konnten Kreuz und Leid keine niederdrückende Macht mehr sein, denn nun lernte ich den Weg des Kreuzes in Liebe zu Jesus gehen – und Seine Liebe zu mir und mein Ihn-lieben verwandelte mir das Kreuz.

Und in dem Maße, wie die Liebe zu Jesus wuchs, wurden mir Menschen und Dinge dieser Welt, von der der Apostel Johannes sagt: „Habt nicht lieb die Welt . . .", unwichtig in dem Sinn, daß ich nicht mehr an sie gebunden war. Ich wurde mehr und mehr unabhängig davon, was mir diese Welt gab oder nahm, Jesus wurde mir aller Reichtum, alle Freude und alle Liebe.

Und damit schloß sich mir mehr und mehr der Himmel mit seiner Herrlichkeit auf. Das konnte nicht anders sein, denn die Schrift sagt: „Suchet, was droben ist, da Christus ist." Jesus lebt droben im Himmel, und wer Ihn sucht, findet Ihn dort zur Rechten Gottes und damit den ganzen Himmel. Aber nicht nur der Himmel, sondern auch die Erde wurde mir neu geschenkt, denn Himmel und Erde sind Sein. Und wie eine Braut lieben muß, was ihres Bräutigams ist, so will die Seele, die Jesus liebt, all das, was Sein ist, lieben – Himmel und Erde, Seine Schöpfung sowie Seine Geschöpfe, die Er liebend mit Seinem Herzen umfängt, vor allem die Menschen, für die Er Sein Leben gegeben hat, und besonders die Brüder. Aber sie lernt auch immer mehr, alle, die Ihm oder uns noch feindlich gegenüberstehen, aus dieser Liebe zu lieben.

„Erste Liebe" – gibt es ein größeres Geschenk? Gibt es etwas Wünschenswerteres? Wahrlich, dann hat man ein Stück Himmel auf Erden und geht der Hochzeit des Lammes, der himmlischen Herrlichkeit entgegen, die Gott denen bereitet hat, die Ihn lieben. So will nun alles Nachfolgende, das aus persönlichen Erfahrungen heraus geschrieben ist, davon sagen, wie diese „erste", bräutliche Liebe zu Jesus das A und O unseres Lebens sein muß und wie selig es ist, Jesus zu lieben.

JESU LIEBE ZU UNS – LIEBE OHNE MASS

Alle „erste Liebe", ja alle Liebe zu Jesus hat ihren Ursprung in Seiner Liebe, denn „Er hat uns zuerst geliebt".*Und wer ist der, der uns Menschenkindern Seine Liebe schenkt? Wer Jesus ist, das vermag kaum ein Herz auszudenken und zu fassen. Von Ihm gilt, was das Psalmwort sagt: „Du bist der Schönste unter den Menschenkindern" (Psalm 45,3). Als Gottes Sohn trägt Er den Glanz der Herrlichkeit Gottes und erhellt mit Seinem Licht die Gottesstadt, deren „Leuchte das Lamm ist", und damit das ganze Weltall. Er ist das Ebenbild des Wesens des Vaters. So herrlich und majestätisch ist Jesus, daß alle Engel Ihn anbeten sollen, und so stark und mächtig ist Er in Seinem Tun, daß durch Ihn das Weltall geschaffen ist (Hebr. 1,1-6). Ja, Er ist der König aller Könige und der Herr aller Herren.

Und doch ist Er zugleich so demütig und niedrig, daß Er sich nicht nur herabneigt zu Seinen Menschenkindern, die Sünder sind, sondern die Herrlichkeit des Himmels verließ und zu solchen kam, die Ihn nicht wollten und nicht aufnahmen.

Dennoch nahm Er ihr Fleisch und Blut an und wandelte unter ihnen, ja, „schämte sich nicht, sie Brüder zu heißen" (Hebr. 2,11). Er liebte Menschen, die Ihn haßten, obgleich Er sie aus Liebe geschaffen hatte. Und Er liebte sie weiter, obwohl sie Ihn schließlich zu Tode marterten, verhöhnten, verspotteten und ans Kreuz schlugen. Immer wieder hatte Er nur Worte der Liebe und des Erbarmens für sie. So ist Er der töricht Liebende, der sich verschwendet für die, die Ihn mit Füßen treten, der sich alles bieten läßt. Hätte doch Jesus als allmächtiger Herr und Gott nur ein Wort zu sprechen brauchen, um die Widerstrebenden zu Seinen Füßen zu legen. Welch eine törichte Liebe, die auf alle Bosheit nur eine Antwort hat: Liebe – weil sie nicht anders kann als lieben, weil sie ihr Herz an uns Menschenkinder schier „verloren" hat. Ja, bis zum heutigen Tag ist es so: Wenn wir Ihn nicht wiederlieben, enttäuschen und verlassen, hört Jesus dennoch nicht auf, uns zu lieben. Dann liebt Er leidend weiter – wie Er damals Seine Jünger, Sein Volk weiterliebte, so heute aufs neue uns, bis Seine leidende Liebe uns zurechtgebracht hat. Er lebt, um uns zu lieben.

Und so ist Sein ganzes Wesen mit dem einen Wort ausgesagt: Liebe. Liebe macht Seine Worte aus, weil sie aus einem Herzen der Liebe kommen. Liebe strahlt aus Seinem Angesicht und gibt ihm das sonnengleiche Leuchten. Von Liebe sprechen die Wundmale, die Er trägt (Offb. 5,6) als Zeichen, daß Liebe Ihn ins Leiden trieb für uns, Seine Menschenkinder, nur um uns dadurch herauszuretten aus den Banden Satans und der Finsternis und uns heimzuholen an Sein Herz, in Sein Reich der Seligkeit. Seine königliche Herrlichkeit droben am Thron behält Er nicht für sich, sondern teilt Seinen Ruhm, Sein Reich und Seine Gewalt mit uns, die wir Seine Feinde waren, weil Er Liebe ist und Seine Liebe uns bei sich haben muß. Und obwohl Er nach Seinem Opfertod nun zur Rechten der Majestät sitzt, wartet Er in Geduld noch weiter, bis alle Seine Feinde Ihm zu Füßen liegen – aus Liebe. Denn Seine Liebe kann nur durch unser freiwilliges Lieben befriedigt werden und setzt nicht den Fuß auf den Feind, ihn zwingend, sich zu beugen und Ihm die Ehre zu geben – sondern wartet!

So wartet Er mehr und anders auf unsere Liebe als je ein Mensch. Denn aus Ihm heraus sind wir geschaffen – heißt es doch, daß wir von Seinem Fleisch und Gebein sind (Eph. 5,30). Wir sind also geschaffen und erlöst, Seiner Liebe zu antworten, Ihm unsere Liebe zu schenken. Menschen mögen vielleicht eine Zeitlang sehr auf unsere Liebe warten, aber wie oft geben sie bald nichts mehr darum und wenden sich anderem zu. Doch unser Herr Jesus in Seiner unbegreiflichen Lie-

be kann nicht anders – um es menschlich auszudrücken – Er muß alles daransetzen, unsere
Liebe zu erlangen. So wartet Er in großer Geduld und Demut, bis Er von uns, die Er durch
Sein Blut erlöst hat, als Echo endlich diese Liebe
empfängt, und zwar die „erste", die bräutliche
Liebe.

Er ist der Eine, der so liebt, wie nie ein Mensch
lieben kann; denn in keines Menschen Liebe ist
solch lodernde Glut, solch eine Stärke. In keines
Menschen Liebe ist so etwas Inniges und Zartes
wie in unseres Herrn Jesu Liebe. Die zarteste
und innigste Liebe eines Bräutigams oder einer
Mutter ist ja nur ein sehr schwacher Schatten
Seiner Liebe, von der her diese ihre Liebe bekommen haben. Denn Jesus ist so erfinderisch
und aufmerksam in Seiner Liebe, in Seinem
Wohltun und Beschenken, wie kein Bräutigam,
Vater oder Mutter es sein können. Wissen wir
wirklich, was es heißt, von Jesus, dem Men-
schensohn, König und Herrn, als dem Bräutigam
und Freund unserer Seele geliebt zu sein? Er
kann wahrlich in Seiner Liebe mit „Wonne wie
mit einem Strom tränken" (Psalm 36,9). Er beseligt
ein Menschenkind mit Seiner Liebe, wie es nie
ein Mensch tun kann.

Welch ein Zeugnis von dieser beseligenden
Macht der Liebe Jesu ist das Leben des heiligen Franziskus! So wird es uns in seiner Bekeh-

rungsgeschichte und ähnlich aus seinem späteren Leben immer wieder berichtet. Da heißt es:
„Franziskus von Assisi, 23 Jahre alt, als Führer eines Klubs erwählt, ließ eines Abends ein verschwenderisches Mahl bereiten, wie er oft getan. Dann zogen sie singend durch die Stadt, er mit einem Stab in der Hand, dem Zeichen des Führers. Auf einmal blieb Franz ein wenig hinter den anderen zurück. Er sang nicht mehr, er war in tiefes Sinnen versunken. Denn plötzlich hatte ihn der Herr berührt, und eine solche Süße erfüllte sein Herz, daß er weder reden noch sich bewegen konnte. Nur jene Süße fühlte er und konnte nichts anderes wahrnehmen... Wie nun die Gefährten rückwärts schauten und sie ihn in so weitem Abstand gewahrten, kehrten sie um und sahen betroffen: er war wie in einen anderen Menschen verwandelt. „Was hast du denn in deinen Gedanken?", fragte ihn einer. „Was hast du, daß du uns nicht gefolgt bist? Wohl eine Donna, die du heimführen willst?" Lebhaft gab er zur Antwort: „Ja, wirklich! Und die Braut, an die ich dachte und die ich heimführen möchte, ist edler, reicher und schöner, als ihr jemals eine gesehen!" Sie lachten über ihn. Er hatte dies aber nicht aus sich selbst,

sondern aus göttlicher Eingebung gesagt. Denn seine Braut war die wahre Gottesverehrung: der wollte er sich ergeben, und sie war edler, reicher und schöner durch ihre Armut als jede andere Frau ...

Und weil er jene Perle, die er, alles verkaufend, zu gewinnen wünschte, vor den Spöttern zu verbergen strebte, begab er sich oftmals, ja täglich, von der Süße Jesu angezogen, zu stillem Gebet ...‟

(aus: Franz von Assisi, Legenden und Laude, herausgegeben von Otto Karrer, Manesse - Verlag).

Doch Jesus tränkt uns in Seiner Liebe nicht nur mit Wonnen und Süße, sondern Er tröstet und erquickt uns mit dieser Liebe auch im Leid, wo keines Menschen Liebe uns mehr trösten und erquicken kann. Wenn Jesus mit Seiner liebenden Gegenwart kommt, verwandelt Er Not in Freude. Selbst wenn wir in tiefstem Leiden wären, kann Jesus uns durch Sein Nahesein ein Stück Hölle in Himmel verwandeln.

Ich denke da an ein besonders schweres Jahr in meinem Leben. Eine meiner geistlichen Töchter, die ich sehr ins Herz geschlossen hatte, ging nach schweren Monaten qualvollen Leidens, in denen einem das Herz im Mitleiden schier zerriß, früh heim. Und wie hatte ich vorher gehofft, gebetet und immer wieder geglaubt, daß der Herr sie noch anrühren würde! Nach einigen Monaten wurde eine zweite unserer jungen Schwestern an den Rand des Todes geführt infolge eines schweren Leidens, das sie vom Kriegsdienst bei der Flak davongetragen hatte. Sie stand mir besonders nahe und hatte alle Lasten der Marienschwesternschaft mitgetragen. Wieder hieß es, viele Wochen lang am Krankenlager eines geliebten Menschen zu stehen, seine großen Schmerzen im Herzen mitzuleiden und doch nicht helfen zu können. Auch hier griff Gott nicht ein, sondern ließ sie den Weg zum Tod gehen, Er rief sie, die noch so jung war, heim.

Doch Gottes Züchtigungen wollten schier kein Ende nehmen, denn nach diesen überanstrengenden und leidvollen Wochen der Pflege in einer Zeit, in der sich daneben noch fast unüberwindliche Hindernisse der Fortführung unseres Werkes in den Weg stellten, wurde ich selbst auch noch todkrank.

Aber gerade in diesen Tagen vor der Beerdigung der zweiten geistlichen Tochter, deren Heimgang mir menschlich ein solch großer Schmerz war, erfuhr ich, wie Jesus trösten kann. In unserer Kapelle stand der Sarg, und ich lag schwerkrank darnieder, die Wellen der Not um das Werk schlugen hoch, und mein Herz war tieftraurig. Da trat Jesus zu mir, wie Er sagt: „Ich will zu euch kommen." Und obwohl ich Ihn nicht sah, war Seine Gegenwart so wirklich, und Seine Liebe überströmte mein Herz, daß es der Freude und des Trostes voll wurde. Da durfte ich schmecken, wie Jesus, wenn Er sich uns mit Seiner Liebe naht, das Herz erquicken und herausreißen kann aus aller Not. Mitten im tiefen Leiden öffnete sich der Himmel und neigte sich herab, ja, etwas von der Himmelsfreude brach herein. Als dann unter Himmels- und Auferstehungsliedern die Aussegnung und Beisetzung gefeiert wurde, sagten manche, sie hätten noch nie eine Beerdigung erlebt, die so von der himmlischen Freude geprägt war, daß alles Leid darin unterging.

Diese tröstende Macht der Liebe Jesu haben schon viele der Seinen bezeugt, etwa bei Aufenthalten in Konzentrations- oder Gefangenenlagern, die an und für sich ein Stück Hölle waren. Ja, wo das liebende Herz die Gegenwart Jesu erfaßt, da breitet sich der Himmel aus, weil Er den Himmel ausmacht. Wo Er als der Liebende zu uns kommt, wird alles strahlend und hell, denn Er ist das Licht der Welt, und wenn Sein Angesicht über uns leuchtet, so genesen wir von unserem Kummer. Wir wissen, daß Menschen durch den Anblick eines geliebten menschlichen Angesichts im Leid getröstet sein können, ja daß seine Schönheit sie ganz faszinieren kann, so daß es ihnen nicht mehr schwer ist, Geld und Gut, Haus und Freundschaft, ja alles aufgeben zu müssen, um immer den Anblick dieses Angesichts zu genießen. Doch Jesu Angesicht, das wie eine Sonne strahlt und das schönste aller Angesichte ist, kann uns, wenn wir Sein gedenken, wahrlich noch anders entzücken und allem Leid entrücken. Es kann uns zu einer Liebe reizen, die tausendmal mehr als um einer menschlichen Liebe willen alles für nichts achtet.

So ist es größte Begnadigung für uns Sünder, wenn Jesu Herz der Liebe sich uns zuneigt und uns mit Seiner Liebe überströmt. Ist doch Sein Herz die Mitte der Welten und der Ursprung alles Geschaffenen, das mit Seiner Liebeskraft die ganze Welt mit Leben durchstrahlt und erhält. Bedeutet es uns schon viel, das Herz eines verehrungswürdigen und liebenswerten Menschen erschlossen zu bekommen, wie muß es erst beglücken, in das Herz Jesu, das lauter Liebe ist, hineinschauen zu dürfen, wenn Er es uns aufschließt.

Wer kann diese Liebe unseres Herrn Jesu genug rühmen? Wir können sie meist nur wenig rühmen, weil wir sie wenig kennengelernt haben. Denn Jesu große Liebe kann nur der kennenlernen, der Ihm sein ganzes Herz schenkt, Ihn wahrhaft liebt, wie Jesus selber sagt: „Wer mich liebt, den werde ich wiederlieben und mich ihm offenbaren" (Joh. 14,21).

Über alle menschlichen Maße hinaus ist also das, was uns die Liebe Jesu bringt. Ja, der kostbarste Schatz im Himmel und auf Erden ist das Herz Gottes und Seine Liebe zu uns. Darum sollte unser Verlangen und Begehren für diese und jene Welt nur nach dem einen gehen: diese Liebe Jesu zu erlangen, von Ihm geliebt zu werden und die Offenbarung Seines liebenden Herzens zu erfahren, die uns Ihn wiederlieben lassen muß.

UNSERE LIEBE ZU JESUS
„ERSTE LIEBE"?

Ist Jesu Liebe so voller Glanz und Schönheit, Adel und Majestät, so voller Innigkeit und Zartheit, Glut und Macht, wie muß dann die Liebe dessen sein, der Ihn wiederliebt? Kann ein sündiger Mensch diese Liebe überhaupt beantworten? Wir würden denken, daß das nicht möglich sei – und doch ist es möglich, denn Gott hat uns nach Seinem Bilde erschaffen. Er hat uns erwählt, daß wir Seine Freunde seien, wie Er zum Beispiel Abraham Seinen Geliebten (Jes. 41,8) und Mose Seinen Freund (2. Mose 33,11) nennt. Gott hat uns erwählt zur innigsten Liebesgemeinschaft mit Ihm, wie Er Sein auserwähltes Volk Israel Sein Eheweib nennt, das Er an Seine Seite gerufen hat (Jes. 62,4). Jesus ist gekommen und hat uns dazu erlöst, daß wir diese Berufung ausleben könnten und daß es wahr würde: „Ich will mich mit dir verloben in Ewigkeit" (Hos. 2,21). Er ist gekommen, daß Gottes Geist die Liebe in unser Herz ausgießen kann, auf daß sie zu einer Flamme wird und damit zu einer Liebe, die alles andere dahinten läßt, um Ihm allein entgegenzulodern.

Ist es doch bei der rein menschlichen Liebe schon so, daß sie mit allem Sein nur auf den gerichtet ist, nur Interesse, nur Auge und Ohr für den hat, den sie liebt, und ihr ganzes Herz allein ihm schenkt. Wieviel mehr muß das nun für unsere Liebe zu Jesus gelten! Dafür ist Maria Magdalena, die große Liebende, ein Beispiel. Als Jesu Liebe in ihr Leben einbricht, läßt sie alle Liebe zu Männern, die sie doch so vielfach ausgefüllt hatte, fahren und schenkt ihres Herzens Liebe allein Jesus. Wie sehr diese Liebe zu Ihm sie ganz in Beschlag nimmt, sehen wir an ihrem Verhalten. Sie fragt nicht danach, als sie zu Jesus eilt, der im Haus des Simon ist, was die Pharisäer wohl dazu sagen. Weiß sie nicht, wie unmöglich es ist, daß sie sich überhaupt als Frau in eine Versammlung von Männern – und hier noch anläßlich eines theologischen Gesprächs – wagt? Weiß sie nicht, wie unmöglich ihr Verhalten ist, daß sie, die als Sünderin bekannt, vor die Augen der Pharisäer zu treten wagt und damit unter deren Gerichtsurteil? Weiß sie nicht, welche Schmähworte sie erwarten? Doch in ihrer Liebe kümmert sie dies alles nicht. Es geht ihr nur um Jesus, und vor Ihm versinkt ihr alles, was ihr vorher wichtig gewesen war. Darum gibt ihr Jesus auch das Urteil, daß sie „viel geliebt" habe.

In Maria Magdalena brennt diese Glut der „er-

sten Liebe", deren Wesen es ist, daß sie in allem
nur Jesus meint, sich vor allem für Ihn interes-
siert und, wenn sie nur kann, zu Ihm eilt. Maria
Magdalena will Jesus selbst, sie will bei Ihm, in
Seiner Gegenwart sein. Sie will Sein Angesicht
schauen, den Blick Seiner vergebenden Liebe
auffangen. Sie will ein Wort aus Seinem Munde
hören, das ihr von Seiner Liebe und Seinem Vergeben sagt. Das läßt sie sich etwas kosten. Die
Liebe Jesu, das Verweilen in Seiner Gegenwart
ist ihr mehr wert als alles andere. So fragt sie
nicht nach den Demütigungen, die ihr das ein-
bringt. Sie fragt nicht danach, daß sie dadurch
noch mehr die Achtung der Menschen verliert
und auch die Liebe derer, denen sie vorher ihre
Liebe schenkte. Ihr Herz treibt sie zu dem hin,
den sie nun als einzige Liebe erwählt hat.
So macht es Maria Magdalena auch am Oster-
morgen. Sie ist die erste, die zum Grabe eilt, um
Jesus zu suchen. Kein Engel kann sie blenden
und mit der Schönheit und dem Glanz seiner
Erscheinung ihre Seele einnehmen. Er ist ihr unwichtig. Sie fragt nicht nach ihm, sie sucht nur
nach dem Einen, den ihre Seele liebt, nach ihrem
Herrn Jesus. Und so sucht sie weiter und geht
zum Gärtner mit der Frage: „Wo hast du ihn
hingelegt?" Da sie Ihn nicht findet, hört sie dennoch nicht auf, Ihn zu suchen, weil die Liebe
nicht aufhört, weil sie immer noch hofft und

glaubt, wo eigentlich nichts mehr zu erwarten und zu erhoffen ist.

Liebe läßt sich nicht aufhalten. Sie geht auf das eine Ziel zu: den, den sie liebt, selber zu haben, bei Ihm zu sein. Sie gibt sich mit nichts weniger zufrieden, weil ihr alles andere im Verhältnis zu dem Geliebten blaß und armselig ist. So ruht Maria Magdalena nicht, bis sie vor Jesus niederfallen kann und bis Er zu ihr spricht: „Maria" und ihre Liebe Ihm antwortet: „Rabbuni!"

Die Liebe zu Jesus hat also etwas Einseitiges an sich, und darum ist in ihr eine lösende Kraft. Sie löst jedes Band, das uns vorher an Menschen und Dinge gebunden hat. Die Liebe kreist bei Maria Magdalena nur noch um Jesus allein. Doch darum empfängt sie auch Jesus ganz, weil sie sich Ihm ganz und ungeteilt schenkt. Maria Magdalena hatte es erfaßt: Jesus kann man nur ungeteilt lieben, oder man liebt Ihn überhaupt nicht. Sie hat nach dem Wort Gottes getan: „Höre, Tochter, sieh und neige dein Ohr. Vergiß deines Volkes und deines Vaterhauses, so wird der König Lust an deiner Schöne haben, denn er ist dein Herr, und du sollst ihn anbeten" (Psalm 45,11 und 12). Diese bräutliche Liebe, die nur auf Jesus ausgerichtet ist, treibt, alles zu vergessen, alles zu verlassen, auf daß Er Lust an der Schöne Seiner Braut haben kann. Da muß man niederfallen und Ihn anbeten.

Ja, diese große Liebe hat nur noch Augen und Ohren für den Einen, und ihre Schritte lenkt sie zu Ihm, ihre Hände benutzt sie, Ihm zu dienen. Die liebreichsten ihrer Worte gebraucht sie, um sie Ihm zu sagen. Immer neu bewegt sie im Herzen und spricht auch mit dem Munde aus, wer Jesus ist, wie zum Beispiel der Dichter des Liedes: „Wie schön leuchtet der Morgenstern" darum nicht genug Worte der Liebe für Jesus finden kann: „Mein Schatz, mein Kleinod, mein Bräutigam, meine Perl, Du werte Kron, ein hochgeborner König, mein Herz heißt Dich ein Himmelsblum, ein starker Held, Du Freudenkron . . ." Die wahre Liebe muß den, den sie liebt, mit immer neuen Namen nennen, die sie sich liebend erdenkt. Darin allein besteht oft das Gebet der großen Liebenden aller Zeiten. So hörte der spätere Bruder Bernhard, als er vor seinem Eintritt in die Bruderschaft Franziskus von Assisi belauschte, ihn immer wieder nur in inniger Liebe den Satz aussprechen: „Mein Gott und mein Alles!"

Immer wird uns das Zeugnis einer solchen Liebe im Herzen sein, wie es uns der geistliche Vater und Mitbegründer unserer Marienschwesternschaft, Superintendent Riedinger, durch sein Leben gab. Mitten in den vielerlei Lasten seines Amtes, seiner Dienste, wenn er zu Vorträgen und Evangelisationen unterwegs war, von allen Seiten zu Seelsorgediensten in Anspruch genommen wurde, gab es für ihn doch eines, was wichtiger war als alles andere: Zeit für das Gebet, Zeit für Jesus zu haben. Eine kleine Bemerkung im Gespräch in Zeiten größter Arbeitsüberlastung: „Aber zwei Stunden brauche ich morgens unbedingt für meinen Herrn!" ließ etwas davon ahnen. Hieß das auch für ihn, der nicht mehr gesund war und dem die schweren Nachkriegsjahre und die ständige Überforderung viel Kräfte gekostet hatten, morgens manchmal um 4 Uhr aufzustehen – der Mittel- und Ausgangspunkt für all seinen Dienst und sein ganzes Leben war das Gespräch der Liebe mit seinem Herrn und Bräutigam. Das allein gab seinem Dienst die Stoßkraft.

Wohl haben seine Bibelstunden über die bräutliche Liebe viele entzündet – doch sein Leben der Anbetung, sein brennendes Verlangen, dem, den er liebte, alle nur möglichen Huldigungen zu bringen, hat das Entscheidende getan und viele, viele in die Liebe zu Jesus geführt. Wenn wir solche Anbetung einmal miterleben durften, waren wir oft geradezu erschüttert von der Inbrunst dieser Liebe, die sich gar nicht genug tun konnte, die Vorzüge ihres Geliebten zu preisen, Ihn als Lamm und König, als Hohenpriester und Bräutigam anzubeten. Und keinen Tag durfte da der Geliebte umsonst auf die liebende Anbetung warten. Ja, diese seine Liebe, die Jesus verherrlichen wollte, ist mit ein Funke gewesen, uns zum Dienst der Anbetung zu entzünden, und hat dem Auftrag unserer Anbetungschöre den Weg gebahnt.

Ist nun eines der Merkmale der bräutlichen Liebe zu Jesus, daß sie sich einseitig vor allem mit Jesus beschäftigt, nur für Ihn dasein will und alles in Ihm findet, so gibt sie damit im Großen unserem Leben eine völlig neue Richtung, setzt aber auch die kleinen Dinge des Alltags in Beziehung zu Jesus.

Ich denke da an ein junges Mädchen. Sie war schön und liebenswert und reich begabt, wurde geliebt von einem Mann, und ihr Herz liebte ihn auch. Doch dann kam Jesus und bat sie als der Bräutigam um ihre ganze Liebe. Und sie vernahm den Ruf, allein für Ihn dazusein. Zeigt uns doch die Schrift in 1. Korinther 7, daß manche berufen sind, nur dafür zu leben, „dem Herrn zu gefallen", und ihr Weg nicht in die Ehe geht. Da ließ sie alles dahinten, was sie besaß, alles, was ihr Leben reich und glücklich gemacht hatte. Sie suchte nur noch Ihn allein; das wurde der Inhalt ihres Lebens, allein für Ihn im Dienst als Schwester zu stehen. Und sie wurde glücklich, weil sie in Jesus alles fand. Sie wurde so glücklich, daß Menschen einander sagten: „Geht einmal dorthin, wo diese Schwester ist, da könnt ihr einen glücklichen Menschen sehen." Nach einer Reihe von Jahren hat sie dann manche nach sich ziehen dürfen, die an dem Zeugnis ihres Lebens sich zur gleichen „ersten Liebe" zu Jesus entzünden ließen. Ihr Leben zeigte, Jesus ist es wert, ungeteilt und über alles andere geliebt zu werden, Jesus lieben macht glückselig, und Jesus lieben bringt Frucht ohne Ende.

Und da weiß ich von einer Diakonisse, schon lange kränklich, die sich alle Jahrzehnte ihres Dienstes hindurch gemeldet hat, Nachtwachen zu machen – lebenslang Nachtwachen, denn die Liebe findet heraus, wobei und wie sie am meisten im Gebet bei ihrem Herrn sein kann. Nun ist sie für ihr ganzes Mutterhaus die Beterin geworden, nicht mehr wegdenkbar für die anderen, und vieler Schwestern Seelsorgerin.

Oder da ist eine Lehrerin, die luft- und

sonnenhungrig nach all dem Schulbetrieb sich rüstet zu erholsamen Ferienwochen im Gebirge. Die Fahrkarte ist schon gelöst, mit den Freundinnen alles verabredet – aber sie spürt: Jesus wartet auf mich. Er will jetzt meine Zeit ganz! Da ist kein Raum mehr für die vielen Eindrücke und Begegnungen. – Und weil sie ihren Herrn nicht warten lassen will, macht sie alles rückgängig, geht in die Stille und opfert das Geld Jesus. Sie wird aber in diesen Wochen mehr gestärkt und es bleibt ihr eine größere Freude als nach allen vorherigen Reisen.

Diese Liebe, die Jesus vor allem meint, hat viele Möglichkeiten, auch im alltäglichen Bereich unseres Lebens, wo wir vielleicht gar nicht daran denken.

Davon war einer Teilnehmerin einer Rüstzeit etwas aufgegangen, als sie in diesen Tagen etwas von dem lebendigen Herrn, Seinem Lieben und Leiden erfahren hatte, und sie sagte: „Mein Leben lang hatte ich eine mir unerklärliche Hemmung, immer am Freitag alles zu putzen. Nun weiß ich warum, es ist ja der Tag der Leiden unseres Herrn. Der soll fortan nicht mehr der Putztag sein, sondern vor allem ein Tag der Stille und des Gebets, den ich meinem

Herrn schenke, und das Putzen kann ich auf die anderen Wochentage verteilen."

Und immer ist in dieser Liebe zu Jesus, die nur um Ihn kreist, auf Ihn zulebt, wie schon Beispiele zeigten, dies Merkmal enthalten: Sie ist verschwenderisch. Ja, die „erste Liebe" ist bereit, alles, was sie hat, bis aufs letzte zu verlieren und herzugeben. Wie könnte man auch, wenn man anfängt, Jesus wirklich zu lieben, noch rechnen dem gegenüber, dessen Liebe zu uns ohne Maß ist! Solcher großen Liebe, wie sie uns Jesus geschenkt hat, da Er sie mit dem Tod für uns, Seine Feinde, bezahlte, kann man nicht anders antworten, als daß man Ihn liebt mit einer verschwenderischen Liebe.

Die Liebe zu Jesus muß also alle menschliche Liebe übertreffen und uns darum treiben, Jesus mehr zu schenken, mehr zu opfern von allem, was zu unserem Leben an Gütern, Gaben und Dingen gehört, als jedem Menschen. Denn Jesus kann königlich als der große Liebende die größte, die hingebendste, die verschwenderische Liebe von Seinen Menschenkindern, die Er zum Lieben erlöst hat, für sich fordern. Liebt man Ihn wahrhaft, dann liegt in dieser Liebe eine solche Kraft, daß sie über sich selbst hinauswächst und gar nicht anders kann, als Ihm ohne Überlegen zu geben, zu schenken. Diese Liebenden verlieren jeden Gedanken daran, noch achtzugeben, daß sie für sich noch etwas behalten von ihren Gütern, von ihrem Recht oder von ihrer Kraft oder auch Anspruch auf Menschen, Ehre und Liebe und was es sonst sei. Was sie nur haben, ob es das Leben selber ist, wie es später Seine Jünger für Ihn hingaben, oder was zu ihrem Leben gehört, Reichtum, Glück, alles muß die Liebe kompromißlos Ihm schenken.

Maria von Bethanien war es, die in solch verschwenderischer Liebe Jesus zu Seinem Begräbnis salbte. Und wie ist die Antwort Jesu darauf? Er stimmt nicht in das Verwundern der Jünger ein, die sagen, es sei eine Vergeudung, daß Maria die ganze kostbare Salbe über Ihn ausgegossen hatte, von der man sonst immer nur wenig nimmt, so daß sie lange Zeit reicht. Jesus findet es gerade recht, daß Maria diese Salbe auf einmal an Ihn vergeudet. Er lobt ihre Tat und sagt, daß von dieser immer gesprochen wird, wo man dieses Evangelium in der ganzen Welt verkündigt (Matth. 26,10-13).

Wir müssen über die erste, bräutliche Liebe zu Jesus also umdenken lernen! Denn weithin haben wir dieselbe Vorstellung von der Liebe, mit der Jesus zu lieben sei, wie Seine Jünger sie damals gegenüber Maria von Bethanien hatten. Sicher fanden es die Jünger richtig, daß Jesus geliebt und geehrt wurde; doch sie meinten, wie auch der Pharisäer Simon und die mit ihm zu

Tische saßen, angesichts des Tuns der großen Sünderin, daß diese Liebe maßvoll sein müsse. Sie kritisierten daran das Einseitige, Sichverschwendende, wie sich zu allen Zeiten gerade die Frommen darüber erregt und geärgert haben, wenn sie solcher Liebe begegneten. Darum hätten die Pharisäer der großen Sünderin wohl am liebsten gewehrt, als sie sich so „zuchtlos und schwärmerisch" verhielt und Jesu Füße mit ihren Tränen benetzte, sich über sie warf und sie in ihrer überschwenglichen Liebe mit ihren Haaren trocknete. Aber Jesus ließ sie gewähren und war erfreut über ihr Tun. Er spürte dahinter die große Liebe und sah diese gerade als das Richtige an. Wir dagegen in unserem üblichen Christentum glauben wohl korrekt an Jesus als unseren Erlöser, doch die Leidenschaft der Liebe, die sich verschwendet, fehlt uns vielfach, wenn wir ihr nicht sogar verständnislos gegenüberstehen, wo wir sie bei anderen erleben. Wenn aber Jesus solche Liebe so hoch einschätzt, wie es damals im Haus des Simon und in Bethanien sichtbar wurde, wenn sie Ihm so kostbar ist, ob Er dann nicht bei uns allen auf diese Liebe wartet?

Damals war es nun nicht nur Maria allein, sondern eine Reihe anderer schlichter Frauen, die Jesus diese Liebe schenkten (Luk. 8, 2 u. 3). Sie zogen mit Ihm, gaben Ihm von ihrer Habe und achteten nicht der Schmach und Verachtung, die ihnen dies einbrachte. Ihre Liebe konnte nicht anders, als Jesus zu beschenken und bei Ihm zu sein. Sie wollten mit dem, was sie hatten an Hab und Gut, Ihm zur Verfügung stehen. War das nicht Verschwendung ihrer Güter? Hatten sie nicht Verantwortung für ihr Hab und Gut, auch ihren Angehörigen gegenüber, und waren sie nicht zu Hause nötig? Vielleicht wohl – doch sie wußten: Wenn Jesus unser Hab und Gut, unseren Dienst braucht, so hat Er den ersten Anspruch. Er ist der, demgegenüber wir alles andere fahren lassen sollten. Wenn Er dies oder jenes von unseren Kräften oder von unserem Geld, unseren Gütern und Gaben braucht für sich und Sein Reich, dann heißt es, auf Ihn und Sein Anliegen mehr zu hören als auf der Menschen Bitten. Es sei denn, daß wir dadurch einen anderen richtig in Not brächten.

Um Seiner großen Liebe willen zu uns kann Jesus also erwarten, daß wir bereit sind, aus Liebe zu Ihm Haus und Hof, Geschäft und Arbeit und unsere Lieben zu verlassen und damit uns, aber auch, was uns oft noch schwerer, die Unseren arm zu machen, indem sie uns selbst und unsere Hilfe entbehren müssen. Doch die für Ihn Armgewordenen wird Er königlich beschenken und selber für sie sorgen, denn Er sagt: „Gebt, so wird euch gegeben ein voll gerüttelt, überfließend Maß" (Luk. 6,38). Damit werden dann auch unsere Familien am meisten von Jesus gesegnet, wenn wir aus Liebe zu Ihm sie scheinbar schädigen müssen. Weil Jesus die Liebe ist, kann Er nicht anders als schenken, und Er beschenkt die am reichsten, die Ihm aus verschwenderischer Liebe viel, ja alles hingaben.

So weiß ich von einer Mutter, die Jesus verschwenderisch liebte und aus dieser Liebe heraus Ihm das Kostbarste schenkte, den Menschen, den sie nicht nur liebte, sondern der ihr unentbehrlich war. Denn welche Mutter brauchte nicht, wenn sie kränklich ist, die Hilfe ihrer einzigen Tochter, und erst recht, wenn sie schwer behindert ist durch Gelenkrheumatismus und Gicht, ja oft nur im Fahrstuhl befördert werden kann. Doch diese Tochter bekam von Jesus den klaren Ruf in Seinen Dienst als Schwester. Um der Not der kranken Mutter willen wußte sie, daß sie eigentlich nicht gehen konnte, solange nicht eine Lösung durch anderweitige Hilfe gefunden wäre. Die Mutter aber dachte anders. Sie liebte Jesus über alles, und es lag ihr am Herzen, Ihm wahre Opfer zu bringen. In dieser Liebe legte sie nun der Tochter selbst nahe, daß sie dennoch den Weg in den Dienst Jesu gehen solle, weil sie fest überzeugt war, wenn sie ihr Kind Jesus gab, dann würde Gott für sie sorgen. So begann die Tochter ihren Dienst, und tatsächlich half der Herr. Er schenkte der Mutter ein wenig Besserung, obwohl sie immer noch schwer gehen und sich weiterbewegen konnte. Doch nun setzte der Ehemann sich mit noch mehr Fürsorglichkeit als früher und aller nur zu ermöglichenden Zeit ein, seiner Frau zu helfen und zur Seite zu stehen. Und aus diesem Opfer der Liebe wuchs die Liebe zu Jesus in der Mutter zu einer immer größeren Flamme, so daß viele Menschen, die zu ihr kamen, nun auch davon ergriffen wurden.

Zeugnisse der verschwenderischen Liebe zu Jesus haben auch wir im Werk unserer Marienschwesternschaft von vielen Menschen erfahren. Denn all die Jahre können wir ja unseren Dienst nur tun durch die Gaben und Opfer vieler Freunde, die sie uns aus Liebe zu Jesus für den Dienst in Seinem Reich zukommen lassen.

Besonders eindrücklich ist uns da folgendes Erleben, das schon eine Reihe von Jahren zurückliegt: Eine Dame besuchte uns, die ihren Lebensunterhalt zum größten Teil dadurch bestreiten mußte, daß sie in ihrem Hause eine Reihe von Zimmern vermietete. Doch nun sagte sie uns, daß der Herr sie getrieben habe, Ihm ihr Haus zu schenken. Sie wollte es nach ihrem Tode uns ganz vererben, aber sie bäte uns, jetzt schon einige Zimmer für unseren Dienst zu nehmen, die sie uns ohne Entgelt überlassen würde. Es wäre ihr ein Bedürfnis, schon bei Lebzeiten dem Herrn Jesus etwas von ihrem Haus zur Verfügung zu stellen. Und so durften wir dann diese Zimmer für unseren Dienst verwenden.

Doch verschwenderische Liebe muß zuviel tun. So bat diese Dame uns einige Zeit darnach, weitere Zimmer in Benutzung zu nehmen, und schließlich gab sie ihr eigenes Zimmer her, wohl mit das schönste im ganzen Hause. Sie zog in ein ganz kleines, sonst kaum zu gebrauchendes Zimmer ein – aus Liebe zu Jesus. Aber immer noch hatte ihre Liebe keine Ruhe. Nicht lange darnach bot sie uns an, daß wir nun das ganze Haus zur Verfügung haben sollten. Wir standen beschämt vor solcher Liebe, denn wir mußten uns sagen: Wie und wovon will sie dann leben?, und wollten ihr Anerbieten deshalb nicht annehmen. Doch sie überzeugte uns, indem sie sagte: „Ich bin ein Kind des himmlischen Vaters und bin ganz gewiß, daß Er königlich für mich sorgt." Also geschah es dann auch, daß der

Herr auf wunderbare Weise immer wieder für sie sorgte. Und ihr Haus konnte einige Jahre für den Dienst Jesu gebraucht werden, bis es dann später in einem anderen Auftrag seine Bestimmung fand.

Nie vergessen wir auch die verschwenderische Liebe einer armen, alten Weißnäherin. Sie hatte immer in großer Armut gelebt und bekam nun durch den Verkauf eines Ackers, der ihr Erbe war, DM 2000,–. Anstatt aufzuatmen, daß sie nun nicht mehr in solcher Armut leben müßte, war es ihr klar, daß sie dieses Geld nicht für sich verwenden dürfe. Und aus Liebe zu Jesus brachte sie mit Freuden dieses Opfer, den ganzen Betrag zum Bau unserer Häuser für den Dienst des Reiches Gottes zu geben. Sie lebte weiterhin so arm, daß sie sich keine Erholung gönnte und nur das Nötigste zum Leben hatte. Und als sie einmal meinte, ihre Vorhänge, die ganz schlecht geworden waren, doch erneuern zu müssen, da brachte sie es schließlich nicht fertig, für sich selbst etwas zu behalten. So schickte sie die neuen Vorhänge für unser Haus „Jesu Freude" und beließ es bei den alten.

Und ein besonderer Glanz liegt über manchen Dingen in unserem Mutter- oder Gästehaus, nicht deshalb, weil etwa in dem Besteck und im Bettzeug eine Grafenkrone eingraviert oder eingestickt ist, sondern weil sie Zeichen verschwenderischer Liebe sind. Eine Freundin unseres Werkes, aus adeliger Familie stammend, die nun im Dienst als Fürsorgerin steht, las eines Tages auf Aufforderung einer Bekannten hin das Losungswort der Brüdergemeinde zu ihrem Geburtstag. Es hieß: „Wer ist nun willig, seine Hand heute dem Herrn zu füllen?" (1. Chron. 29,5). Sie betete darüber, was des Herren Bitte sei, womit sie Ihm die Hand füllen und etwas für Sein Reich tun könnte. Ihr Vermögen war nicht mehr da, sie hatte nur ihr Gehalt – doch aus Liebe zu Jesus wollte sie etwas schenken. Alles, was von dem alten Familienbesteck noch da war, hatte sie schon für unser Gästehaus gegeben. Doch nun kam's ihr in den Sinn, daß sie aus dem Schloß ihrer Eltern noch einige Möbelstücke besaß, die untergestellt waren. Sie hatte immer nur darauf gewartet, daß sie einmal Platz dafür hätte; denn seit Kindheitstagen hatte sie eine besondere Liebe für kostbare Möbel. Nun aber wußte sie: Die sollten für den Herrn sein. Und so konnten wir bald staunen über diese schönen Stücke, die aus einem Möbelwagen zum Vorschein kamen. Aber nicht genug, da war auch noch ein Pelzmantel aus dem Familienbesitz vorhanden – der konnte verkauft werden und das Geld dem Reich Gottes dienen. Auch eine Wäschetruhe, mit für uns wertvollem Inhalt, fand den Weg zu uns. Und die Fürsorgerin selbst wohnt nun in einem ganz einfach eingerichteten Zimmer. Doch Jesus, der bittend Seine Hand hingehalten hatte, war von ihr beschenkt worden. Sie hatte Ihm Seine Hand gefüllt, und das war ihre Freude.

Vielerlei wäre noch anzuführen: wie zum Beispiel Menschen auf den nötigen Wintermantel verzichten, für den das Geld mühsam zusammengespart ist, nur, weil der Funke der Liebe ihr Herz so entzündet hat, daß sie die Summe dem Herrn und Seinem Dienst schenken müssen, – wie andere Familien monatelang das Sonntagsessen vereinfachen und der fehlende Sonntagsbraten zu einem Geschenk der Liebe wird, – wie eine Reise immer mit der billigsten, wenn auch mühseligen Beförderung gemacht wird und man sich dann aus dem Rucksack verproviantiert, nur, damit etwas gespart wird, was dem Herrn geschenkt werden kann.

Das ist „erste Liebe", wahre Liebe zu Jesus, die zugleich verschwenderisch und erfinderisch ist, die Liebe, die Jesus erwartet.

Doch wenn Liebe zu Jesus verschwenderisch ist, dann ist sie immer zugleich töricht. Das muß so sein, denn es ist ja eine Liebe, die sich an Jesus Christus selbst entzündet, von dessen Liebe wir sagten, daß sie töricht sei. Darum müssen auch wir töricht lieben, wie der Apostel Paulus schreibt: „Wir sind Narren um Christi willen, ein Schauspiel geworden der Welt und den Engeln und den Menschen; ja, wir leiden Hunger und Durst, sind nackt und werden geschlagen. Wir sind ein Fluch der Welt und ein Fegopfer aller Leute" (1. Kor. 4, 10-13).

Hätte der Apostel Paulus nicht die Möglichkeit gehabt, als frommer Jude ein anderes, ein normales Leben zu führen? Doch die Liebe zu Jesus machte ihn töricht, daß er solche Wege erwählte, die der normale Mensch flieht. Warum? Weil er aus dieser Liebe heraus nur noch danach trachten konnte, Jesus zu gefallen, und Ihm darum auf allen Seinen Wegen der törichten Liebe nacheilte. So ließ er sich alles von Menschen bieten, indem er alles duldete und eine „Abtretmatte" für die anderen wurde. Im Herzen des Apostels Paulus lebte die „erste", die bräutliche Liebe, die ganz von Jesus eingenommen ist. Er ist ein Beispiel dafür – und nach ihm noch manch einer in der Kirchengeschichte –, wie diese Liebe gerade auch Männer so völlig erfaßt hat, daß ihr ganzes Leben gleich einer lodernden Flamme auf Jesus zubrannte und alles menschlich „vernünftige" Denken in der Torheit der Liebe unterging. So wundert es uns nicht, daß Paulus, als er sich bei dem Verhör vor dem Landpfleger Festus verantworten mußte, nicht nur klare theologische Aussagen machte, sondern, wenn er von Jesus sprach, etwas von diesem Feuer der Liebe durchbrach, so daß Festus zu ihm sagte: „Paulus, du rasest" (Apg. 26,24).

Welche Macht liegt in solch brennender Liebe! Wenn schon Liebe, die an einem sterblichen Menschen entbrennt, große Gewalt haben kann, wie muß da erst die törichte Liebe, die sich an dem Schöpfer Himmels und der Erde entzündet, in dessen Herz sich alle Liebe des Weltalls als göttliche Glut vereint, von einer Kraft sondergleichen sein! Diese Liebe vermag alles. Wir wissen es von den Märtyrern, wie sie in Feuer und Wasser sprangen, sich den wilden Tieren entgegenwarfen, weil sie, wie ein Lied sagt: „Feuer sprühten und vor Liebe glühten". Von ihnen heißt es im gleichen Lied weiter: „Sie sind liebetrunken." Diese Menschen trugen Jesus als den Lebendigen in ihrem Herzen und nicht irgendeine Idee von Ihm. Die Glut der törichten Liebe war so mächtig in ihnen, daß nichts sie auslöschen konnte. In ihrem Herzen erklang nur ein Name, der Name Jesus, der sie zum Jauchzen brachte, der sie antreiben konnte, mit Freuden in Not und Tod zu gehen – wie etwa ein Stephanus. Die Liebe lehrte sie sprechen: „Ich achte der keines!"

Das waren Menschen, die wahrhaft in der „ersten", der bräutlichen Liebe standen, die das Merkmal der Torheit an sich trägt. Allein die Liebe ist der Schlüssel zu ihrem rätselhaften, törichten Verhalten, daß sie sich oft geradezu ins Leiden drängten, also in das, was wir von Natur bis zum äußersten meiden. Tun wir doch sonst alles, was in unserer Möglichkeit steht, damit uns Leiden nicht treffen. Doch der Liebe ist es ein Vorrecht, für den, den sie liebt, solche Wege zu gehen. Der Geliebte ist ihr so kostbar, daß es ihr ein Bedürfnis ist, ihre Liebe zu erweisen durch ein Geschenk, das leidgetränkt ist und ein Opfer bedeutet, das vor den Menschen geradezu sinnlos erscheint. Sie trägt dies Merkmal der Torheit als Siegel der Echtheit an sich – bis heute.

Ist das nicht töricht, wenn man sich vor seinen Gegnern demütigt? So war es nur die Liebe zu Jesus, die eine Mitarbeiterin im Reiche Gottes zu folgendem bringen konnte: In ihrem Dienst litt sie so sehr unter der Zerrissenheit des Leibes Jesu, ja, sie litt mit Ihm, daß Seine letzte Bitte nicht nur nicht ernst genommen wurde von den Seinen, sondern zu Hohn und Spott gemacht wurde. Deshalb machte sie sich auf und ging hin zu den Gegnern ihres Werkes, um die Bereitschaft ihrer Liebe zu zeigen, um die Einheit der Liebe zu bitten. Törichte Wege, wenn man weiß, daß dies eigentlich sinnlos ist, weil ja die anderen dem, den sie bekämpfen und der nun zu ihnen kommt, manch unlauteres Motiv unterlegen werden, wie zum Beispiel, daß er es nötig habe, um ihre Gunst zu werben – oder daß er käme, weil in seinem Werk so viel nicht in Ordnung sei und er sich schuldig fühle. Ja, törichte Wege, wenn man von vornherein bei den meisten damit rechnen muß, daß die dargebotene Hand, ein Liebesband zu knüpfen, nicht angenommen wird. Doch törichte Liebe tut solches aus Liebe zu Jesus, um Seine letzte Bitte erfüllen zu helfen. Sie weiß, daß es darum geht, die Feinde zu lieben, weil das der Weg dessen war, den sie liebt, und Er allein so zum Sieger wurde.

Ist es nicht auch töricht, freiwillig sein Erbe herzugeben, darauf zu verzichten, wie ich es bei einer mir nahestehenden Bekannten erlebte? Warum tat sie es – hatte sie das Erbe nicht nötig? Doch, – an und für sich hatte es ihr ganz besonders am Herzen gelegen, das Erbe zu bekommen, weil sie das Geld für eine dringende Sache brauchte. Aber es war eine Partei beteiligt, die unrechtmäßiger Weise Forderungen stellte. Diese Bekannte hatte eigentlich mit den Auseinandersetzungen, in denen die anderen wegen der Erbteilung standen, sachlich nichts zu tun. Doch um Jesu willen, weil Er gekommen war, damit wir uns untereinander lieben, damit Haß und Streit zu Ende gebracht würden, gab sie ihr Erbe hin und war bereit, dadurch nun selber in einer bestimmten Notlage keine Hilfe zu haben.

Ja, törichte Liebe ist stark. Sie überwindet das, was in uns allen sitzt – den Selbsterhaltungstrieb, daß nur ich nicht zu kurz komme oder nicht zuviel belastet werde oder mein Haus und meine Einrichtung Schaden leiden. Diese Haltung war es, die so große Not in den Jahren brachte, als der Flüchtlingsstrom nach Westdeutschland hineinflutete. Doch damals bereitete sich eine Frau in Oberhessen, weil sie Jesus liebte, innerlich darauf vor, die Flüchtlinge wie den Herrn selbst aufzunehmen nach Seinem Wort: „Ihr sollt die Fremdlinge, die bei euch wohnen, halten gleich wie die

Einheimischen" (Hes. 47,22). Und als nun ihr und ihrem Mann – beide ältere Leute, die eigentlich Ruhe nötig hatten – eine siebenköpfige Familie zugewiesen wurde, wehrte sie nicht ab oder klagte, nein, umgekehrt, sie nahm sie in großer Liebe auf und tat ganz nach dem Wort: Sie teilte das Haus nach den Räumen immer zwei zu sieben, sie maß täglich die Milch von der einzigen Kuh in dem Verhältnis: zwei Köpfe – sieben Köpfe.

Aber dabei blieb es nicht: Der letzte Vorrat des Mehles, das Geschlachtete, die Einmachgläser, der Hausrat, Geschirr, Putzmittel, Bettwäsche und was sie an Betten zur Verfügung stellen konnte, – alles wurde in diesem Maße restlos verteilt. Es war eine katholische Familie, die zu ihnen ins Haus gekommen war, und sie, die bisher nie mit katholischen Menschen Kontakt hatten, fragten sich, wie das wohl gehen möge. Doch Gott segnete diese törichte Liebe, und alles spielte sich sehr gut ein: Die katholische Familie ging früh zur Messe. Bis dahin hatte die oberhessische Frau ihr den Kaffee gekocht und in der für sie eingerichteten Küche Feuer gemacht, – die katholische Frau ihrerseits bereitete während des evangelischen Gottesdienstes das Mittagessen so vollständig zu, daß sie sich nur hinzusetzen brauchten. Das, was dem älteren Ehepaar schon länger Sorge war, was aus der Schusterwerkstatt einmal werden sollte, da sie kinderlos waren, wurde ihnen auch genommen: Der Flüchtlingsmann war Schuster, und sie trafen eine Abmachung: Ein gewisser Prozentsatz des Verdienstes als Pacht wurde festgesetzt.

Die Liebe wurde allerdings auch auf die Probe gestellt: Die Flüchtlingsfrau erkrankte sehr schwer, so daß lange Zeit die Pflege und die Versorgung der fünf Kinder auf der Frau lasteten, und als die Flüchtlingsfrau heimging, vertrat sie lange Zeit die Mutterstelle. Diese törichte Liebe brachte Frucht über Frucht. Dies Haus war der Ort des Friedens und Segens im ganzen Städtchen.

Ach, daß wir alle, die wir von der törichten Liebe unseres Herrn Jesu leben, wieder mehr zu gleicher törichter Liebe zu Ihm entfacht würden! Es scheint eine sinnlose Liebe zu sein und trägt doch höchsten Sinn in sich, da sie zum Wesen der Gottesliebe gehört, in der alle Weisheit beschlossen liegt. Und sie bringt Segen und Frucht ohne Aufhören.

WAS HINDERT
DIE „ERSTE LIEBE"?

Weil die bräutliche Liebe so etwas Kostbares ist, darum gönnt sie uns der Feind nicht. Er sucht sie auf alle Art und Weise zu verhindern – einmal, indem er alles daransetzt, daß wir unsere Liebe nicht Jesus vor allem anderen schenken, sondern daß wir sie teilen. Jesus aber geht es gerade um diese ungeteilte, kompromißlose Liebe, auf die Er Anspruch als Bräutigam hat. Denn eine Braut – wenn es eine wahre Braut ist – schenkt ihrem Bräutigam ihr ganzes Herz. Sie schielt mit keinem Auge nach einem anderen, sie hat nur Herz und Auge für den einen. Und diese Liebe sucht Jesus bei uns.

Das sehen wir in den Evangelien. Da sagt Jesus klar und eindeutig: Wenn wir der Liebe zu Ihm noch irgendeine andere Liebe vorziehen, dann verspielen wir Seine Liebe, Seine Freundschaft – denn Er spricht: „Wer Vater oder Mutter mehr liebt denn mich, der ist mein nicht wert" (Matth. 10,37). Jesus erwartet also, daß Er mit ungeteilter Liebe geliebt wird, da Er alles andere, was sonst liebenswert ist, durch Seine göttliche Person in den Schatten stellt. Ihm ist es selbstverständlich, daß Er nicht zu vergleichen ist mit dem Liebenswertesten, was es sonst auf Erden geben mag und was Gott zum Leben gegeben hat: Vater oder Mutter, Ehegatte und Kind, Bruder, Schwester und Freund. Was ist ein Mensch, ein Geschöpf, das wir lieben können, neben Ihm, dem Herrn, König und Bräutigam? Und was sind gar erst die Dinge dieser Welt neben Ihm, der sie geschaffen?

Dies müßte eigentlich auch für uns selbstverständlich sein. Aber Gott kennt unser Herz – Er, der Dreieinige Gott, der im Alten Testament schon dieselbe Not mit Seinem Volk hatte, nämlich, daß es sich als Hure zeigte und immer wieder anderes Gott vorzog. Immer wieder wendete es sich von Gott ab und gab Ihm nicht die Liebe, nach der Er verlangt, so daß der Herr klagen mußte: „Eure Liebe ist wie eine Morgenwolke und wie der Tau, der frühmorgens vergeht" (Hosea 6,4). Voller Schmerz sprach Er von dem „untreuen Weib", das den Herrn, der sich „sein Mann" nennt, nicht mehr achtet und anderen seine Liebe zugewandt hat (Jer. 3,20).

Dabei täuschten sie sich darüber hinweg, denn sie hatten ja den Tempel und ihre Gottesdienste. Sie beteten und hatten das Wort Gottes und waren darum überzeugt, daß bei ihnen alles in

Ordnung sei. Und dennoch mußte ihnen der Prophet Jeremia wie die andern Propheten sagen, daß sie unter Gottes Gericht ständen, und zwar deswegen, weil sie Gott nicht über alle Dinge liebten. Die Liebe ihres Herzens – das, was ihnen wichtig war, wofür sie ihre Kraft und Zeit einsetzten, wovon ihr Herz erfüllt war, was sie erwünschten und erstrebten, – war anderes: vielleicht ihre Familie, ihr Haus, Hof, Geschäft, ihre Arbeit, Gesundheit, ihre eigene Ehre, ihr Volk, der Erwerb irdischer Güter und Vorteile, Beziehungen zu anderen Menschen und Völkern, die ihnen das Gewünschte brachten. Doch Gott duldete nicht, daß Sein Volk Ihn wohl weiterhin als seinen Gott anerkannte und von Seinen Geboten wußte, Sein Wort las und zu Ihm betete, aber das eine, worauf es Ihm ankam, nicht tat, Ihn über alle Dinge zu lieben. Darum ließ Er ihm immer neu so ernst Seinen Anspruch auf die ungeteilte Liebe verkündigen und mußte, wenn es nicht hörte, mit Gericht antworten.

War das geteilte Herz der Krebsschaden bei dem Volk Gottes im Alten Testament, so ist das geteilte Herz – weil unsre Herzen nicht anders geworden sind – wiederum der Krebsschaden bei dem Gottesvolk des Neuen Testamentes, und auch wir täuschen uns so oft mit vermeintlicher Frömmigkeit darüber hinweg. Darum muß Jesus auch im Neuen Testament so ernste Worte reden, wenn es um die Liebe zu Ihm geht. Er weiß, daß der größte Kampf in unseren Herzen auf diesem Punkt ausgefochten wird, wird doch kein Gebot Gottes so viel übertreten wie das erste Gebot, Gott über alle Dinge zu lieben. Jesus sagt zum Beispiel klar und unmißverständlich: Wir können nicht Gott lieben und den Mammon, denn Gott hat vollen Anspruch auf uns, Er begnügt sich nicht mit einem Teil unserer Liebe. Als ein „eifriger", das heißt eifersüchtiger Gott richtet Er darum nichts so, wie wenn wir Ihm mit geteiltem Herzen dienen. So können wir nur in die wahre Jesusliebe hineinkommen, wenn wir jedes andere Band lösen, das uns in falscher Liebe an einen Menschen oder auch an Dinge bindet.

Jesus stellt uns also im Blick auf diese „erste Liebe" vor die Frage: Bist du Braut oder Hure? Denn nur weil wir zur Braut, das heißt zur Liebe zu Gott berufen sind, können wir auch zur Hure werden. Und da Jesus auf bräutliche Liebe zu Ihm wartet, so ist jede andere Liebe, bei der unser Herz mit seinen Gedanken und Wünschen um einen Menschen kreist, nur an ihm hängt und an erster Stelle verlangt, mit ihm zusammenzusein, von ihm geliebt zu werden, Hurerei. Ist aber unser Herz nicht von einem Menschen ausgefüllt, sondern von einer Sache – sei es mein

Besitz, meine Gesundheit, meine Arbeit oder meine Lieblingsbeschäftigung –, dann geht es im Grunde dabei um dasselbe.

Gott fordert dies eine ganz kategorisch: Ihn „über" alle Dinge zu lieben. Damit ist viel gesagt! Was ist das Zeichen der Liebe, die über alle Dinge liebt? Der, den ich liebe, ist mir wichtiger als alles andere; ich beschäftige mich am meisten mit ihm, tue alles, um ihm nahe zu sein, um seine Liebe zu erhalten, ich bin bereit, alle seine Wünsche zu erfüllen, die er mir durch sein Wort kundtut. Sind mir nun Gottes Wünsche und Gebote so verpflichtend, daß ich einen Kampf bis aufs Blut darum kämpfe, Sein Gebot um jeden Preis auszuführen? Ist mein Herz erfüllt von Gedanken und Sehnen zu Ihm hin – oder doch mehr von anderem, Vergänglichem? Weil Jesus weiß, daß jede Liebe unseres Herzens zu diesem oder jenem, sobald sie über der Liebe zu Jesus steht, diese in uns tötet, fordert Er die völlige Lösung.

Damit ist nicht gesagt, daß wir Menschen und Dinge und alles, was Gott geschaffen hat, nicht lieben sollten. Doch Jesus geht es darum, daß wir alles Geschaffene in Ihm lieben, von dem es auch gekommen ist und zu dem es zurückgeht, und nicht als etwas Selbständiges außer Ihm. Lieben wir es in Ihm und soweit Er es uns schenkt und geben wir uns, soweit Er es uns erlaubt, diesem oder jenem Menschen oder Ding in rechter Weise hin, dann zeigt sich, daß unser Herz die Einstellung hat, von der der Apostel Paulus spricht: „die da freien, als freiten sie nicht". Das heißt, daß wir ebensogut, wenn Gott es wollte oder führte, diesen Menschen oder diese Dinge hergeben könnten, ohne daß unser Herz im Tiefsten davon erschüttert würde. Mindestens können wir dann in der Liebe zu Jesus die Erschütterung recht überwinden, und sie darf unser Herz nicht zerreißen. Lieben wir Menschen und Dinge so, wie der Apostel sagt, dann dürfen, ja sollen wir sie lieben; denn Gott ist Liebe, und Sein Wille ist, daß wir lieben. Alles, was Er geschaffen und gegeben hat, natürlich auch unsere Angehörigen und Freunde und die uns Gutes getan haben, sollen wir in die Liebe zu Ihm hineinnehmen.

Doch weil unsere Liebe zu Menschen seit dem Sündenfall ungeläutert und sündig ist und weil so viel das Streben nach ichhafter Befriedigung dahintersteht, darum muß jeder, der sich darnach sehnt, in diese „erste Liebe" zu Jesus zu kommen, im Blick auf all seine Beziehungen zu Menschen und Dingen „aufräumen". Es muß eine gründliche Reinigung vollzogen werden, sonst sitzt hier der Pfropfen, daß die wahre Liebe zu Jesus nie durchbrechen kann.

Da das aber ein schmerzhafter Prozeß ist, weichen wir dem allzugern aus. Wohl nirgends haben wir uns darum so viel Ausreden zusammengesucht und theologisch begründet wie hier. Dies wird in der Praxis offenbar. So sind es nur wenige gläubige Eltern, die den Anspruch Jesu, Ihn über alles zu lieben, stehen lassen, wo es um das Opfer geht, Ihm ihr Kind zu geben. Wenn Jesus eine Tochter ruft, Vater und Mutter, Haus und Hof, Ehemöglichkeit und Erbe und was es sein mag zu verlassen, weil Er sie in Seinen Dienst berufen hat, melden die Angehörigen ihre Rechte auf Liebe an, und zwar begründet mit der Heiligen Schrift, in der geschrieben stünde: „Ehre Vater und Mutter." Satan hat heute noch dieselbe Methode wie bei der Versuchung Jesu, als er Jesus mit Worten aus der Schrift überwinden wollte, die er aber nicht dem Geiste der Schrift entsprechend gebrauchte. So hat der Herr wohl gesagt: „Ehre Vater und Mutter!", aber nicht auf Kosten dessen, daß wir Jesus weniger lieben als unsere Eltern.

Ja, nirgends ist die Spitzfindigkeit des Feindes so groß, wie wenn es um die Verhinderung der Liebe zu Jesus geht. Hier nistet er sich in unserem Verstand ein und bringt uns solche Ausreden bei wie diese vom Gebot, Vater und Mutter zu ehren, – oder daß wir die Verpflichtung hätten, Haus und Erbe zu erhalten und zu verwalten – oder Menschen nicht zu betrüben, die fordern, daß wir als tüchtige Arbeitskraft in unserem alten Beruf bleiben, daß wir uns mehr der Familie oder unseren Berufskameraden zu widmen haben.

Doch welche Freude für Jesus, wenn Er Menschen findet, die diesen Anläufen widerstehen und es wagen, dem Anspruch Jesu auf ungeteilte Liebe Raum zu geben.

> Ich denke an eine Hausfrau und Mutter, die dies tat und Jesus jede Woche einen halben Tag schenkte, an dem sie sich zum Gebet zurückzog. Ihren Bekannten hatte sie es mitgeteilt mit der Bitte, sie an diesem Nachmittag nicht zu besuchen. Zuerst erregte dies großes Befremden, und vor allem in ihrer Familie wurde Einspruch erhoben. Doch als sie sich nicht beirren ließ und ein solcher Segen von diesen stillen Stunden auf die ganze Familie ausging, gewöhnte sich diese nicht nur daran, sondern gab zu, daß geradeso, wie wir uns dem Besuch von Menschen widmen und dann ganz für sie da sind, auch Jesus das Anrecht auf bestimmte Stunden unseres Tages hat.

Wenn es uns jedoch so schwer wird, um Jesu willen auf liebe Menschen zu verzichten, dann gilt wohl für die häufigen Fälle, in denen wir an unsere Angehörigen in falscher Weise seelisch gebunden sind, sei es nun mit starken oder mit feinen Banden, das Wort Jesu: „Wer nicht haßt Vater und Mutter, Weib und Kinder, Bruder und Schwester, auch dazu sein eigen Leben, der kann nicht mein Jünger sein" (Luk. 14, 26). Welcher Ernst! Jesus erkennt nur die als Seine Jünger an, die in dieser Liebe zu Ihm stehen, daß sie um Seinetwillen selbst die nächsten Blutsverwandten hintenanstellen. Und fordert Jesus, daß wir in diesem Fall Vater und Mutter, Mann oder Weib und Kind „hassen" sollen, so heißt das: Wenn Er uns ruft und zugleich Menschen einen Anspruch auf uns geltend machen, der uns davon abhält, Ihm die Liebe zu beweisen – seien es nun die Eltern, Ehegatten oder Kinder –, daß wir Ihm in jedem Fall die Liebe zu geben und zu folgen haben. Denn wen ich mehr liebe, auf dessen Ruf, Wunsch und Wille gehe ich ein, wenn ich von zwei Seiten gefordert werde.

Die Wahrheit der Worte Jesu, daß nur, wer keinen anderen mehr liebt als Ihn, Sein Jünger sein kann und nur, wer Ihn wirklich liebt, von Ihm so wiedergeliebt wird, daß ihm Jesus Sein Herz öffnet, habe ich an einem Menschen erfahren, der sich lange Zeit sehr nach der großen Jesusliebe sehnte. Er spürte, daß ihm etwas Entscheidendes fehlte, und fand doch nicht den Zugang. Mancherlei ernsthaftes geistliches Mühen half nichts. Der Hinderungsgrund war nur der eine: Sein Herz war zu sehr erfüllt von der Liebe zu einem Menschen, an den es gebunden war. Man spürte es: Dessen Liebe war ihm überaus wichtig, sie beschäftigte ihn ganz. Um diese Liebe gab er alles. Die Wünsche dieses Menschen hätte er um jeden Preis erfüllt, für ihn alles geopfert. Damit liebte er diesen Menschen „über alles", obwohl er es sich nicht klar machte und überzeugt war, daß Jesus die erste Stelle in seinem Herzen einnahm. Und doch, als er endlich erkannte, was es um den Liebesanspruch Jesu ist, da erschrak er: Wenn er in den Alltag hineinsah, was erfüllte sein Herz letztlich? Bei allem Planen und Wünschen, bei allem Tun ging es ihm nicht um Jesus, sondern um diesen Menschen. Erst als Jesus durch vielerlei Enttäuschungen diese Liebe zerschlug und auf Gebet hin durch Sein Blut die Bindung löste, war Bahn gemacht, daß nun die Liebe zu Ihm aufwachsen konnte, die ihn dann glückselig machte.

Der Weg zur „ersten Liebe" ist also klar gezeichnet. Geben wir vor allem das Hindernis unseres geteilten Herzens auf, so kann diese „erste Liebe", die oft anfänglich unser Teil war, dann aber von so viel anderer Liebe überwuchert und erstickt wurde, wieder lebendig werden. Doch liegt hier das einzige Hindernis? Gibt es nicht Menschen, deren Not und Versuchung nun nicht gerade das geteilte Herz ist und die dennoch nicht in der „ersten Liebe" stehen?

Sicher, es gibt noch eine Reihe weiterer Hinderungsgründe, daß die „erste Liebe" nicht durchbrechen und aufblühen kann, beziehungsweise wieder verlorengeht. So ist ein zweites großes Hindernis unsere gefallene Vernunft. Der Feind flößt uns den Gedanken ein, daß der Glaube das Größte sei; denn: „Wer da glaubt, der ist gerecht." Ja, das ist wahr und bleibt bestehen, doch spricht dasselbe Wort Gottes so vielfach von dem „vornehmsten Gebot", Gott über alles zu lieben. Wohl können wir Jesus nicht lieben, wir glauben denn zuvor, daß Er der Erlöser ist und unsere Sünden getragen hat und daß wir in Ihm gerechtfertigt sind. Doch wir sind zum Glauben an Jesus gekommen, um Ihn zu lieben.

Unser Glaube ist also kein wahrer Glaube, wenn er zu einer blutleeren Verstandessache geworden ist. Welche Täuschung, wenn es nur ein Wissen ist, daß Jesus lebt und wer Er ist – der Sohn Gottes, der unsere Sünde ans Kreuz getragen hat. Wir stehen dann vielleicht im Glauben auf dieser Tatsache, wir bekennen uns zu Jesus Christus, wenn dieser Glaube angefochten oder verfolgt wird, wie man zu einer Überzeugung steht, ja, wie man für eine Überzeugung sterben kann. Und doch sind wir ferne von Jesus. Wissen wir, wie nachdrücklich die Schrift davon spricht, daß diejenigen einst bei Ihm sein und Ihn schauen werden, die Ihn lieben? Diese Worte sind uns oft wenig bekannt, obwohl wir die Worte vom Glauben alle kennen. Werden wir aber einst nicht als Betrogene dastehen, wenn wir so an Jesus geglaubt und Ihn doch nicht in Wahrheit geliebt haben?

Nur von der Liebe wird gesagt: „Sie höret nimmer auf." Der Glaube hört auf, da wir ja droben schauen werden. Er ist also etwas Vorläufiges, nur an die Erde Gebundenes. Droben werden wir Gott schauen, wie Er ist. Dann ist kein Raum mehr für den Glauben gegeben. Nur die Liebe, die hier unter dem Dunkel des Glaubens erblüht ist und in heißer Sehnsucht wartet, bis sie bei dem Geliebten sein wird, wird dann Jesus von Angesicht zu Angesicht sehen und bei Ihm sein allezeit.

Um dieser Herrlichkeit willen hat Satan noch durch andere Gedanken versucht, sich ein Nest in unserer Vernunft zu bauen, um uns die bräutliche Liebe zu Jesus, das Allerkostbarste, unwert und verdächtig zu machen. So, indem er unserer Vernunft Schlagwörter einprägt, denen schon viele verfallen sind, wie zum Beispiel „Mystizismus" oder „Verdrängung sinnlicher Triebe". Sicher gibt es so etwas, daß seelisch kranke Menschen sich in fromme Gefühle hineinsteigern und das vielleicht als Liebe zu Jesus bezeichnen. Doch ist das eine der vielen Arten solcher krankhaften Erscheinungen und hat mit der eigentlichen bräutlichen Liebe nichts zu tun, auf die man darum niemals diesen Verdacht übertragen dürfte. Wie muß es unseren Herrn Jesus betrüben, wenn in einem Menschen Liebe zu Ihm aufbricht, diese ihm aber durch Warnungen derer, die von dieser Liebe zu Jesus nichts wissen und denen sie darum verdächtig ist, wieder zerstört wird! Wäre es nicht besser, daß solchen falschen Wächtern der Seelen ein Mühlstein angehängt wird – wie Jesus sagt (Mark. 9,42) –, der sie ins Meer stürzt, als daß sie einen dieser „Kleinen ärgern", die in der Einfalt ihres Herzens weiter nichts tun als ihren Herrn und Heiland von ganzem Herzen lieben, so innig wie eine Braut ihren Bräutigam?

Doch nun wird solchen Menschen gesagt: Das sind verdrängte Triebe, so liebt man einen Menschen, und weil man dazu keine Gelegenheit hat, etwa in der Ehe, verdrängt man diese Liebe auf Jesus. Dabei wird aber übersehen oder bewußt verschwiegen, daß in der Gemeinde Jesu zu allen Zeiten auch solche Männer und Frauen mit der „ersten", der bräutlichen Liebe zu Ihm begnadet gewesen sind, die in der Ehe lebten und mit Kindern gesegnet waren. Nein, gerade das ist verdrängte Liebe, wenn wir, anstatt Gott über alles zu lieben – und das ist doch „erste", bräutliche Liebe –, die persönliche Liebe zu Gott nicht groß werden lassen, sondern einen Menschen über alles lieben.

Wohl hat die menschlich-bräutliche Liebe ihre Berechtigung, doch darf sie nicht mit der göttlichen Liebe verwechselt werden. Brautstand, Vaterschaft und andere irdische Gaben sind alles nur Gleichnisse, Schatten des Wahren, Wirklichen, Unvergänglichen, das droben ist. Weil es droben Vaterschaft gibt, darum gibt es sie hier auf Erden. Von Ihm, dem rechten Vater, hat alle Vaterschaft ihren Namen. Weil es droben Throne und Fürstentümer gibt, gibt es sie hier auf Erden als Schatten und Gleichnisse in irdischer, vergänglicher Weise. Und weil es droben einen Bräutigam gibt – so nennt sich Jesus selbst (Matth. 9,15; Matth. 25,1) – und die „Hochzeit" des Lammes, zu der die Braut gehört, darum nur gibt es hier auf Erden den Brautstand, aber auch nur als Schatten, eingeordnet in das Unvollkommene, Vergängliche, denn man wird droben weder freien noch sich freien lassen. So kann die Liebe zu Jesus in keiner Weise auf gleiche Ebene gestellt werden mit allem, was an menschlicher Liebe bei uns gefunden wird.

Neben diesem Einwand gegen die bräutliche Liebe ist es außerdem durch unsere unerlöste logische Denkkraft dahin gekommen, daß es unter den Gläubigen zur Streitfrage geworden ist, wer als „Braut Jesu" angesprochen und zur Hochzeit des Lammes berufen sei. So kamen viele Gläubige zu dem Schluß, daß die Braut nur die Juden, die Gläubigen aus den Nationen aber der Leib Jesu seien. Doch wie ist es dann zu verstehen, daß die Gottesstadt Jerusalem die „Braut des Lammes" genannt wird (Offb. 21,9 u. 10) und wir auch glauben, durch die Erlösung Jesu zu Überwindern zu werden, die in dieser Stadt wohnen dürfen? Wenn das so ist, ist damit gesagt, daß in der Gottesstadt diejenigen wohnen, die in der bräutlichen Liebe zu Jesus gestanden haben, sowohl aus Israel als auch aus den Nationen, sonst können sie dort nicht einen Teil der „Braut des Lammes" darstellen, da aus den Teilen sich ja das Ganze ergibt.

Wo aber unsere Vernunft nicht durch die Frage bedrängt wird, ob die Braut Christi nur die Juden, der Leib Christi aber die Gläubigen der Nationen sind, steigen andere Gedanken auf: Die Heilige Schrift spräche immer nur von der Braut als vom Volk Israel oder von der Gemeinde als Ganzes, doch nie davon, daß ein einzelner Braut Jesu sei. Hier gilt dasselbe, was oben schon gesagt wurde: Wenn die Gottesstadt der

Braut gleich ist, so heißt das ja nichts anderes, als daß in ihr lauter Seelen wohnen, die in dieser bräutlichen Liebe standen und stehen, weil jede einzelne eine Braut des Lammes darstellt.

Wollen wir uns durch Satans Täuschung das Wesenhafte und Wahre, Braut Jesu zu sein und einst an der Hochzeit des Lammes teilzuhaben, nehmen lassen? Satan weiß, welche Macht in der Liebe liegt. Er hat erfahren, daß die Macht der Liebe am Kreuz ihn und die Hölle überwunden hat. Wie sollte er da nicht am meisten gegen die Liebe wüten, und zwar in der Gestalt eines Engels des Lichtes mit frommen Worten, doch mit der einen Absicht, uns nicht in die „erste Liebe" hineinkommen zu lassen! Er weiß, daß die Liebe eine so übermächtige Kraft in sich trägt, daß sie fertigbringt, wozu kein Mensch aus Gehorsam fähig ist. Wo dieses Liebesfeuer brennt, ist Satans Macht und Stellung gefährdet, – und darum rast und wütet er, wenn Seelen diesen Weg beschreiten wollen, und versucht alles, um uns dieses kostbaren Schatzes nicht teilhaftig werden zu lassen.

Und wo eine Seele bereits in dieser „ersten Liebe" steht und ihre Lampe hell brennt, setzt Satan alles in Bewegung, um sie leise auszulöschen, ohne daß sie es merkt. Er neidet den Menschenkindern dies innige Liebesverhältnis zu ihrem Herrn und Heiland, ihrem Bräutigam. Er weiß, daß die Liebenden es sind, denen der Herr Sein Reich bereitet und Seinen Thron bereitgestellt hat, den er einst verlor. Denn die Ihn lieben, werden in Seinem Reich strahlen wie die Sonne und werden bei Ihm sein allezeit, weil sie zu Ihm gehören. Satan neidet ihnen die Liebe, weil man da, wo man liebt, vereinigt wird mit dem Geliebten. Und in der Einheit liegt eine Macht. Das sehen wir schon, wenn Menschen sich vereinen, dann bilden sie ein Bollwerk gegen den Feind. Einheit macht stark. Aber wenn ein sündiges, armseliges Menschenkind durch die Liebe sich mit Jesus Christus, dem Herrn und König aller Welten, vereint und mit Ihm eine Einheit bildet, welche Macht geht dann von solch einer Seele aus! Wer kann ihr dann noch widerstehen, wenn sie mit dem im Bunde ist, ja innig vereint wie eine Braut mit ihrem Bräutigam, dem Macht gegeben ist im Himmel und auf Erden!

Satan weiß also genau, wem wir – wenn wir Jesus lieben – unsere Liebe geschenkt haben, mit wem wir uns dann in der Liebe vereinen. Er weiß, wie groß, gewaltig, wie unausdenkbar es ist, daß Gott sich mit sündigen Menschenkindern so eins macht durch die Liebe. Er weiß um die Allmacht Gottes, die ihn selber von seinem Thron gestürzt hat. Er weiß von dem Sieger Jesus, der seine Macht zerbrochen hat durch das Blut Seiner Wunden. Darum setzt er alles aufs Spiel, wenn eine Seele sich in der Liebe mit diesem Herrn vereint. Er weiß, dann hat er verspielt. Der Dienst einer solchen Seele geschieht in Vollmacht. Sie gleicht einem brennenden Streichholz, das einen ganzen Wald entzünden kann, und wird unzählige Menschen mit sich ziehen. Denn Liebe ist Leben, und Leben entzündet Leben, was kein Organisieren, kein Predigen, das aus der Erkenntnis kommt, entfachen kann.

Diese Macht und Glückseligkeit, die in der Liebe zu Jesus liegt, gönnt Satan uns nicht und will uns, da er in Hölle und Finsternis gestürzt worden ist, dort mithineinziehen, denn er kann es nicht mitansehen, daß wir ein anderes Schicksal haben. Darum eifert er, uns die Liebe zu rauben, weil er weiß, dann sind wir nicht mehr glücklich. So heißt es, klar den Feind zu sehen, wie er „umherschleicht wie ein brüllender Löwe" und sucht, wenn er uns nicht ganz verschlingen kann, so doch wenigstens diese Liebe in uns zu verschlingen. Denn dann sind wir lebendig tot, sind hier und für die Ewigkeit von dem getrennt, der das Leben, die Liebe selber ist.

Nichts ist so heilig, so zart, nichts ist so leicht zu verlieren, wie diese „erste", diese bräutliche Liebe zu Jesus. Wenn Jesus so oft das Wort ausruft: „Wachet!", dann gilt es wohl, über nichts so zu wachen wie darüber, daß diese Liebe unser Teil bleibe und daß wir deshalb alles, was uns hindert, sie zu erlangen und zu bewahren, klar erkennen, hassen und Gegenstellung einnehmen. Es darf nicht sein, daß wir diese „erste Liebe" nicht kennen oder aber sagen müssen: Ich kannte sie einmal in der ersten Zeit, als ich Jesus als meinen Heiland fand. Nein, heute muß sie unser Teil sein, weil sonst die Drohung Jesu gilt: „Ich werde deinen Leuchter umstoßen, dich auslöschen." Ist Jesus die „erste Liebe" so wichtig, sollte sie uns dann nicht auch so wichtig sein? Sie ist wirklich das Kostbarste, was uns geschenkt werden kann. Um diese Liebe sollten wir kämpfen und ihr nachjagen um jeden Preis, ja alles dafür drangeben. Denn „wenn einer all sein Gut in seinem Haus um die Liebe geben wollte, so gälte es alles nichts" (Hohl. 8,7b). Es ist alles zu wenig dafür! Und hüten sollten wir sie, wo wir damit beschenkt wurden, als unseren größten Schatz, von dem uns auch nicht das Geringste abhanden kommen darf.

VIEL VERGEBUNG – VIEL LIEBE

Wenn diese Liebe zu Jesus so etwas Kostbares und Heiliges, so etwas Starkes ist, wenn es in unserem Leben für Zeit und Ewigkeit darauf ankommt, ob wir in dieser Liebe stehen, dann wird für uns die Frage wichtig: Was ist die Voraussetzung, daß sie in unserem Herzen aufbricht? Und was ist die Bedingung, daß diese Liebe uns immer neu geschenkt wird, so daß sie bleibt, ja wächst und stark wird?

Gottes Wort gibt uns die Antwort: „Welchem aber wenig vergeben wird, der liebt wenig", positiv ausgedrückt: Wem viel vergeben wird, der liebt viel. So spricht Jesus zu der großen Sünderin in Lukas 7, aber so spricht Er auch zu Simon. Er sagt ihm das Beispiel von dem Gläubiger und den zwei Schuldnern und hält ihm die Frage vor: „Sage an, welcher unter denen wird ihn am meisten lieben?" Und Simon erwidert: „Ich achte der, dem er am meisten geschenkt hat." Jesus antwortet dem Simon: „Du hast recht gerichtet!" So sagt Er uns allen die Wahrheit: Der wird Ihn

am meisten lieben, dem am meisten Schuld er-
lassen ist, der also am meisten Vergebung erfahren hat.

Wußte denn der Pharisäer Simon nicht auch von
Vergebung der Schuld, betete er nicht auch die
Psalmen, wie den 32.: „Wohl dem, dem die Sünden vergeben sind" – oder den Bußpsalm, den 51.?
Ja, sicher, aber hier geht es um eine bestimm-
te Herzenshaltung gegenüber unserer Sünde
und der Tatsache, daß uns vergeben und die
Schuld durchgestrichen ist. Es ist das Weinen,
wie wir es bei der großen Sünderin sahen, die
mit ihren Tränen Jesu Füße benetzte. Sie hatte
Ihm Tränen zu bringen, die aus einem zerbro-
chenen Herzen hervorbrachen. Doch der Pharisäer Simon wußte nichts von Reuetränen, er lag
Jesus nicht zu Füßen, weil er kein zerbrochenes Herz hatte. Er saß Ihm vielmehr gegenüber
als der Sichere und Hohe, der über den Menschen, über der Sünderin stand, indem er sie
richtete. Damit stellte er sich zugleich über Jesus
selbst, beurteilte aus dieser Sicherheit heraus,
ob alles, was Jesus sagte und wie Er sich verhielt,
richtig wäre. Das ist unsere Haltung, die wir uns
auch oft ein Urteil anmaßen über Gott selber,
daß dies oder das doch nicht richtig wäre, wie Er
Menschen und Völker züchtigt und da oder dort
Leid über eine Familie oder einen Menschen
verhängt.

Weil Simon also selbstherrlich und selbstgerecht war, darum konnte er nicht zum Weinen kommen über seine Sünde; aber darum erzeigte er Jesus auch keine Liebe, darum wußte er nichts von dem einen Kostbarsten, auf das es ankommt, von der Liebe zu Jesus. So sagt Jesus ihm auch sehr ernst: „Ich bin in dein Haus gekommen . . .", und dann folgt es dreimal: Du hast Mir nicht dies und das getan, was Liebe getan, wozu es die Liebe gedrängt hätte.

Jesus deckt uns hier klar auf, was die Wurzel der wahren Liebe zu Ihm ist: Reue über unsere Sünde und Schuld. Wer wirklich einmal Schulden hatte und sich darum grämte, was er damit Menschen antut, wenn er ihnen das, was er ihnen schuldig ist, nicht geben kann, der weiß, wie Schuldigsein demütigt, wie es unser Herz zerbricht. Es gibt zwar Menschen, die haben viele Schulden, aber es bewegt sie so gut wie gar nicht, sie sagen nur allgemein: Wir bleiben eben Menschen immer etwas schuldig. Aber nie sind sie in die notvolle Lage hineingekommen, daß man sich von Herzen bekümmert, weil man seine Schulden nicht abzahlen, weil man Schuld nicht gutmachen kann.

In diese Lage Ihm gegenüber will uns Jesus hineinführen, denn sie ist der Ausgangspunkt für die Liebe zu Ihm, und darum brauchen wir eines als Wichtigstes: Erkenntnis unserer Sünden, ganz praktisches Erkennen dessen, wo wir Tag für Tag an unserem Nächsten schuldig wurden durch harte, richtende Worte, durch Neid, Eifersucht, Treulosigkeit, übles Nachreden, Lieblosigkeit, Unbarmherzigkeit. Durch das alles beleidigen und kränken wir unseren Nächsten oder zerstören sein Leben. Doch das ist unser tiefster Schaden, daß wir alle, die wir an Jesus Christus glauben, grundsätzlich und allgemein davon wissen, daß wir Schuldner gegen Gott und Menschen bleiben; aber in der Praxis und dort, wo unsere Schuld real wird, sehen wir sie nicht. Wir meinen sogar im Gegenteil, was wir getan, was wir geredet, wie wir uns verhalten, das sei doch nicht so schlimm. Dagegen sehen wir bei dem anderen sehr klar, wie dieses und jenes in seinem Verhalten Schuld ist.

Wer also zur wahren Liebe zu Jesus kommen will, hat als erstes Ihm immer wieder die Bitte vorzubringen, daß Er uns sehend mache für uns selber und unsere Schuld und hörend auf Seine Stimme Tag für Tag, wenn Er auch uns sagt: „Dies und jenes hast du Mir persönlich nicht getan, Mir nicht gegeben für Mein Reich. Mir hast du nichts geopfert an irdischen Gütern und für Mich nicht Menschen verlassen, an denen dein Herz hing. Und dies hast du Mir nicht getan, wenn du es deinem Nächsten, in dem Ich zu dir kam, nicht tatest." Nur wenn wir unsere Schuld im einzelnen klar sehen, wird sie anfangen, uns zu beunruhigen und zu bekümmern. Sollte Gott solche Bitte um Reue und Buße nicht erhören, da es Ihm am allermeisten am Herzen liegt und Ihm die große Freude ist, wenn ein Sünder Buße tut? So wird Er uns dann weiterhelfen und uns unsere Schuld zu solch einem Schmerz machen, daß wir wie die große Sünderin weinend zu Jesu Füßen niederfallen und, wo wir Menschen etwas angetan, uns vor ihnen beugen, sie um Vergebung bitten müssen.

Durch die Buße kann so „Sünde noch unser Gewinn werden", wie es zum Beispiel eine Frau erlebte, die jahrelang eine Freundschaft mit einem verheirateten Mann pflegte. Sie war gläubig. Doch der Feind täuschte sie, daß sie meinte: Gott hat ihn mir in den Weg geführt. Mit ihm allein kann ich mich über alle inneren Fragen austauschen. Wir verstehen uns, als wären wir füreinander geschaffen, er bereichert mich innerlich. Wie kann solche Freundschaft Sünde sein? – Endlich aber wurde ihr im Lichte Gottes ihr Verhalten zur schweren Schuld. Sie erkannte, wie sehr sie damit schuldig geworden war, daß sie das Glück der anderen Ehe zerstörte, und hörte das Gerichtsurteil Gottes aus Matthäus 5, daß schon das Anschauen des anderen ein

Ehebruch im Herzen ist. „Ärgert dich aber dein rechtes Auge, so reiß es aus . . ." Da begann das große Weinen der Reue in ihr. Sie beichtete und löste sich völlig von dem Mann. Und aus der Gnade der Reue und Buße erwuchs in ihr eine große Jesusliebe.

Wenn solche Buße Jesu Freude ist, dann hat Ihn umgekehrt nichts so geschmerzt wie das Wesen der Pharisäer, die selbstgerecht und unbußfertig waren. Sie wußten alles von Gott, gingen mit Gottes Wort um, meinten, Seine Gebote zu erfüllen und dem Nächsten zu dienen, versäumten kein Gebet und wußten dennoch nichts von der Liebe zu Gott, weil sie eines nicht sagen konnten unter Tränen und voller Schmerz: „Gott, sei mir Sünder gnädig!" Doch wer das von Herzen sagen kann, der liebt Jesus. Denn er erfährt, daß Jesus ihm die Vergebung zuspricht und ihn an Sein Herz zieht. Er erlebt, daß der Vater ihn als verlorenen Sohn, der doch so viele Schulden aufgehäuft hatte, an Seinen Tisch holt. Da kann er nicht anders, als aus Dank darüber solch eine Liebe zu erwidern mit seiner ganzen Liebe.

Welche Gnade, daß Gott als Ausgangspunkt für diese Liebe das zerbrochene Sünderherz erwählt, das um seine Sünde leidet. Damit ist die Echtheit der „ersten", der bräutlichen Liebe erwiesen, denn im Leiden ist keine Täuschung.

Wenn ich im Leiden liebe, dann ist diese Liebe echt, denn dann geschieht es nicht aus einer Begeisterung heraus. Jede Liebe zu Jesus dagegen, die nicht auf diesem Boden erwachsen ist, muß voller Besorgnis angesehen werden, weil sie leicht unnüchtern ist und vergehen wird wie die Morgenröte, ja sogar Schaden anrichten kann. Doch ein zerbrochenes Sünderherz, das sich erniedrigt und beugt, das schwebt nicht in „höheren Regionen" und ist keinen Schwärmereien zugänglich. Solch ein Herz kann Satan auch nicht verführen in eine gesteigerte seelische Liebe hinein. Denn als der personifizierte Hochmut kann Satan sich nicht herabneigen – die gedemütigt vor Gott am Boden liegen, flieht er. Gott aber hebt sie auf und zieht sie an Sein Herz. Begnadigten Sündern ist Seine Liebe gewiß, die die ihre noch mehr entzündet, weil sie es kaum fassen können, daß Jesus solche wie sie, die so viel Schuld auf sich geladen haben, dennoch liebt.

So waren zu allen Zeiten jene, die sich am meisten als Sünder erkannten und ihre Sünden beweinten, die großen Liebenden. Wir sahen es schon in der Heiligen Schrift bei Maria Magdalena und wissen es auch von einem Apostel Petrus. Erst nach seinem Fall, als er Jesus verleugnet und dann bitterlich über diese Sünde geweint hatte, konnte Jesus die Frage der Liebe

an ihn stellen und er von ganzem Herzen antworten: „Du weißt, daß ich dich liebhabe." Nun
war die echte Liebe geboren, die sich dann auch
bewährte, indem er für Jesus in Leiden und Not,
ja bis in den Tod ging. So wurde es einem Apostel Paulus geschenkt, nach seiner großen Sünde, die Christen verfolgt zu haben, unter die er
sich Zeit seines Lebens immer wieder neu beug-
te, dann Jesus über alles zu lieben und sich für
Ihn zu verzehren. Auch ein Franz von Assisi
wurde zu dem großen Liebenden, dessen Glut
uns bis heute mitentzündet, nur auf dem Weg
der tiefen Buße.

Von daher verstehen wir, daß der Herr immer
wieder in unser Leben mit Gerichtsschlägen
kommt, um uns zur Reue und Umkehr und damit neu zu dieser „ersten" Liebe zu erwecken.
Er muß uns auf schwere Züchtigungswege führen, muß Gericht in unser Leben schicken, um,
wie einst Mose das Wasser aus dem Felsen her-
ausgeschlagen hat, so aus unseren toten, stei-
nernen Herzen durch diese Schläge das Wasser
der Reuetränen und den Strom der Liebe zu
Gott herauszubringen. Er weiß, daß wir auf keinem anderen Weg zu dieser wahren und bräutlichen Liebe zu Jesus kommen. Eben weil Er uns
kennt in unserer Selbstgerechtigkeit, die letztlich Ihn und Seine Vergebung nicht braucht, Ihn
darum nicht liebt, deshalb geht Er uns nach in

Seiner Liebe, indem Er uns durch Gerichtsschläge zeigt, wer wir sind. Da zerbricht Er unsere fromme Sicherheit und Höhe, läßt uns zuschanden werden und überführt uns unserer Schuld. Wie sollten wir dann, wenn wir unsere Sünde erkannt haben und der Vergebung Jesu bedürftig geworden sind, nicht zu Ihm gezogen werden? Und wie sollten wir, wenn wir so Seine vergebende Liebe geschmeckt haben, Ihn nicht aus großem Dank lieben und Ihm unser ganzes Herz schenken?

Den großen Segen solcher Gerichtsschläge Gottes, die zur Buße und dann zur Liebe führen, habe ich am Leben eines Menschen sehr deutlich ablesen können. Vor einer Reihe von Jahren bekam ich die erschütternde Nachricht, daß eine Bekannte, die mit ihrer Familie auf Urlaubsfahrt war, schwerverletzt nach einem Autounfall in Süddeutschland im Krankenhaus läge und ihr Mann bei diesem Unfall tödlich verunglückt sei. Aus glücklichster Ehe war er in einer Minute von ihrer Seite gerissen, für sie ein unfaßbares Geschehen. Ein verzweifelter Schmerz ergriff sie, und es wurde Nacht in ihrem Herzen. Das Liebste ihres Lebens, das eigentliche Du war ihr so unerwartet und plötzlich genommen worden. Nun stand sie innerlich leer und einsam da. Wie sollte sie mit diesem Schmerz fertig werden? Sie sah keinen Weg.

Da brach ein neues Fragen nach Gott auf, der lange Jahre in ihrem Leben keine Bedeutung mehr gehabt hatte, und sie suchte auch wieder Verbindung mit Menschen, die im Glauben standen. So geschah es, daß sie nun Jesus als den lebendigen Herrn finden durfte. Überwältigendes schenkte ihr also dieser Züchtigungsschlag Gottes. Einmal, daß sie zur Erkenntnis ihrer Schuld in ihrem vorhergehenden Leben kam, das sie ohne Jesus gelebt hatte. Und dann, daß aus Seiner Vergebung und wie Er sie nun trösten konnte und sie zu sich zog, die große Liebe, die Jesusliebe, erwuchs. Seitdem ist sie ein getrösteter Mensch geworden, der Jesus nachfolgen und Ihn lieben will.

Wer darum in die „erste Liebe" zu Jesus kommen will, wer dies größte Glück und die größte Kostbarkeit, die uns überhaupt zuteil werden kann, haben möchte, der gebe sich hin, sich von Gott durch Menschen und Verhältnisse, durch alles, was unser Wünschen und Wollen, unsere Pläne durchkreuzt, richten zu lassen. Er spreche unter den Züchtigungen Gottes: „Ich beuge mich unter Deine gewaltige Hand, die mich um meiner Sünde willen züchtigen muß." Sollte der Herr, der nur auf unsere Liebe wartet, wenn wir uns auf diesen Züchtigungswegen demütigen lassen und als Sünder vor Ihm liegen, dann nicht diese „erste Liebe" zu Ihm erwecken und immer wieder erneuern?

Der Weg, der uns hineinführt in die große Jesusliebe, ist darum so einfach, daß ihn ein Kind verstehen und gehen kann. Wir müssen nur anfangen, ja zu sagen zu dem, was uns durch Gottes Gerichte und Züchtigungen aufgedeckt oder von Menschen vorgeworfen wird. Wir müssen annehmen und uns nicht widersetzen und entschuldigen. Stellen wir uns im Alltag zu unserer Sünde und geben unsere Fehler zu, so machen wir dem Geist Gottes Bahn, daß Er die Liebe in unser Herz ausgießen kann. Doch behaupten wir anderen gegenüber, wenn Spannungen bestehen, ja ein Riß zwischen ihnen und uns klafft, immer wieder in Selbstgerechtigkeit, daß nicht wir die Schuldigen seien, sondern sie, dann ist von vornherein klar: So werden wir nie in die bräutliche Liebe hineinwachsen oder sie bewahren. Wer sich dagegen vor Gott und Menschen anklagt, den klagt Gott nicht mehr an, dem schenkt Er Seine Liebe. Und diese Liebe, die sich in unser Herz ausgießt, wird als die große Jesusliebe auf Ihn zurückfließen.

LIEBE ZU JESUS – BRÜDERLICHE LIEBE

Wer von der vergebenden Liebe Jesu begnadigt ist, hat fortan nur einen Wunsch, den Weg Jesu zu gehen und die Liebe, die ihm widerfuhr, vielen weiterzugeben. Den Weg mit Jesus gehen aber heißt das ausleben, was Sein Leben ausmachte, nämlich sich in der Liebe für die Brüder zu verströmen.

Jesu Liebe trieb Ihn hin zu den Menschen, trieb Ihn fort aus des Himmels Herrlichkeit, aus der seligen Gemeinschaft mit dem Vater, um das Leben mit Seinen Geschöpfen zu teilen. Und wo Er, Jesus, das Haupt, hinging, sollte es uns, Seine Glieder, nun auch hintreiben. Denn Liebe zu Jesus macht uns eins mit Ihm und Seinem Geist, Liebe zu Jesus läßt uns in Ihm und mit Ihm die lieben, die zu Ihm gehören: alle Seine Menschen, für die Er aus Liebe Sein Leben ließ. Darum gibt es keine echte Liebe zu Jesus, die in persönlicher Hinwendung zu Ihm und in seligen Gefühlen ihre Genüge gefunden hätte. Ja, es ist undenkbar und nach der Schrift unmöglich, daß jemand Jesus wahrhaft liebt und nicht den Bruder.

Ihn lieben heißt darum Ihm dienen an den Brüdern, wie auch Seine Jünger nach Ostern, neu
in Liebe entbrannt, sogleich den Dienstauftrag
bekamen. „Weide meine Lämmer!" ist das Ende
des Gespräches, darin Jesus Petrus nach seiner
Liebe fragt. Ja, wer Jesus liebt, naht sich einer
Glut, die ihn in Brand setzt, daß er gleich Ihm
eines tun muß: lieben, lieben, wie Jesus sagt:
„Daran wird jedermann erkennen, daß ihr meine Jünger seid, so ihr Liebe untereinander habt"
(Joh. 13,35). Jesu Lob über die große Sünderin:
„Sie hat viel geliebt", wird dann denen, die Ihn
viel liebten, auch in dem Verhältnis zu ihren
Mitmenschen gelten. So konnte ein Franz von
Assisi, der in Jesus den Bräutigam seiner Seele
fand und Ihn inbrünstig liebte, nicht anders –
nachdem Jesus ihn berührt und mit Seiner „Sü-
ße" erfüllt hatte, wie es von der Stunde seiner
Bekehrung berichtet wird –, als nun hin zu den
Aussätzigen zu gehen, um ihnen den Kuß der
Liebe zu geben und sie zu pflegen. Wer Jesus
liebt, kann nicht mehr sich selber leben, weil
Jesus spricht: „Wer mich liebt, der wird mein
Wort halten." Und Sein Wort, Seine Gebote sind
ja in dem einen Wort zusammengefaßt: seinen
Nächsten zu lieben wie sich selbst.
Die Liebe zu Jesus macht frei von sich selbst
und hat zu den großen Werken der christlichen
Nächstenliebe aller Jahrhunderte geführt. So

hören wir schon von der Urchristenheit, daß über ihr das Wort stand: „Sehet doch, wie sie sich untereinander liebhaben!" Welches Feuer der Liebe zu Jesus brannte in Petrus und Paulus, als sie allen Verfolgungen zum Trotz bekannten: „Wir können es ja nicht lassen, daß wir von diesem Namen reden." Und weil diese Glut der Liebe zu Jesus in den ersten Christen brannte, mußten sie auch die Brüder so lieben, daß sie alles mit ihnen teilten (Apg. 2,44 u. 45). Die Liebe zu Jesus war es, die dann die Seinen immer neu zu Taten der Liebe an anderen trieb: Kranke zu heilen, Armen zu helfen, Waisen aufzunehmen, Hungrige zu speisen, bis hin zur Diakonie unserer Zeit, über der das Wort Löhes steht: „Dienen will ich dem Herrn in Seinen Elenden und Armen ... aus Dank und Liebe ... und käme ich Ihm zuliebe um, der mich aber nicht umkommen läßt."

So selbstverständlich fließt aus der Liebe zu Jesus die Liebe zum Nächsten, daß die Seelen, denen Jesus beim Jüngsten Gericht sagt: „Was ihr getan habt einem dieser meiner geringsten Brüder, das habt ihr mir getan", dies gar nicht wissen und fragen: „Wann haben wir dich hungrig, durstig, nackt gesehen?" In ihrer Liebe zu Jesus konnten sie gar nicht anders, sie mußten alle Menschen lieben und ihnen dienen, ohne daß es ihnen bewußt wurde.

Jesus lieben – das heißt: Seines Wesens teilhaftig werden. Sein Lieben aber war und ist ein Lieben, das sich herniederneigt zu den Armen und Niedrigen, Verachteten und Kleinen. Jesus war viel bei Zöllnern und Sündern zu sehen und lebte in der Gemeinschaft einfacher, ungebildeter Fischer oder ließ sich von Frauen Handreichung mit ihrer Habe tun. Wen liebt die göttliche Liebe, zu wem zieht es sie hin? Gerade nicht dahin, wohin es unsere aus der Liebe gefallene Natur zieht, nämlich Gemeinschaft, Freundschaft, Verbindung mit solchen zu haben, die uns gemäß sind oder die etwas gelten nach Geschlecht, Stand, Wissen und Können, die reich sind an mancherlei Gaben des Geistes, der Seele und des Leibes und die unserem Geschmack entsprechen. „Was nichts ist vor der Welt, das hat Gott erwählt" (1. Kor. 1,28). Unfaßbar: der ewige, allmächtige, große Gott wählt sich zur Gemeinschaft mit Ihm die Armseligen unter den Menschen aus! Darum will Er bei allen, die Er in Seiner Liebe durch Sein Blut erlöst hat, diese Liebe sehen, die in sich Barmherzigkeit, Güte und Vergeben faßt. Er sucht auf den Angesichtern der Seinen die Züge der erbarmenden Liebe, den Widerschein Seiner Liebe.

Wo strahlen wir diese Liebe wider? Wohin drängt es uns? Zu denen, die natürlicherweise uns abstoßen, weil sie so niedrig in ihrer Gesinnung, in ihrer Art und Verhaltungsweise sind, so arm an Gaben des Geistes, an Adel der Seele, an Würde und Herkunft? Wir werden einst nach dieser Liebe gefragt werden und nach keiner anderen: nicht nach einer Liebe, die uns vorschwebte, sondern nach der Liebe, die Jesus darstellt und die ein Widerschein Seiner Liebe ist. Vor Gottes Gericht gilt einst nichts anderes als Gottes Bild. Das wird uns vorgestellt und an dem werden wir gemessen werden.

Zu Seinem Wesen gehört die barmherzige Liebe, deren Kennzeichen ist, daß sie ihre Feinde liebt, weil sie vergeben kann. „Die Liebe deckt der Sünden Menge, sie rechnet das Böse nicht zu." Wo darum ein Mensch mit dem anderen rechtet, ja es bis hin zu Prozessen treibt, ist er nicht mehr ein Widerstrahl Jesu und Seiner vergebenden Liebe. Er ist ein Widerschein der Hölle, denn Satan ist der Verkläger, der uns alles vorrechnet. Wo wir aber zu Jesus gehören und von Seiner Liebe erfaßt sind, hat Satan keine Macht mehr, sich trennend zwischen die Brüder und uns zu stellen.

Und was macht weiter das Wesen der Liebe Jesu aus, das auch denen zu eigen ist, die in der wahren bräutlichen Liebe zu Jesus stehen? Jesus liebt alle Menschen, Er ist eins mit dem Vater, und „also hat Gott die ‚Welt' geliebt". So können sie in Ihm nicht nur die Brüder lieben, die ihnen nahestehen, oder einige Menschen, nein, in Ihm lieben sie alle Menschen, Freunde wie Feinde. Wer Jesus liebt, der hat darum das weiteste Herz, der hat eine allumfassende Liebe, die keine Grenzen setzt. Sie ist nicht zu Ende in den Bezirken, darin man zu Hause ist, wie in seiner leiblichen oder geistlichen Familie, in Kirchgemeinde, Gemeinschaft, Kreis oder auch Volk und dergleichen. Ja, diese Liebe höret nimmer auf, auch nicht bei denen, die uns verlassen, die uns feindlich sind, die sie mit Undank und Bösem beantwortet haben. Sie hört nicht auf, und wenn sie „siebzigmal siebenmal" vergeben muß.

Aber diese sich erniedrigende, vergebende, barmherzige und allumfassende Liebe zu erlangen ist ein weiter Weg, und von uns aus ist dieses Ziel nicht zu erreichen. Ist es doch mit das Schwerste in unserem Leben und der immer neue Punkt unseres restlosen Versagens und Fallens, daß wir nicht vergeben, nicht barmherzig sein können, daß unsere Liebe einfach nicht für den schwierigen Mitmenschen ausreicht! Sind wir da nicht oft daran, zu verzagen und zu sagen: „Das ist unmöglich – und also ist es ebenso unmöglich, jemals in der rechten Liebe zu Jesus zu stehen"?

Welche Freude, daß wir wissen dürfen: Die Voraussetzung echter bräutlicher Liebe zu Jesus ist das zerbrochene Herz dessen, der seiner

Schuld und seines Versagens überführt ist. So kann auch nur auf dem gleichen Weg die echte Liebe zum Bruder geboren werden. Der große Schmerz über das „Nicht-haben", ja über alles Schuldigwerden treibt uns nun um so mehr und immer neu hin zu Ihm, der die einzige Quelle der Liebe ist, Jesus, der uns aus Seinem Herzen der Liebe die wahre Liebe zum Bruder schenkt. Dann lernen wir mehr und mehr, Seine Geschöpfe zu lieben, ohne Einschränkungen zu machen und Grenzen zu ziehen. Ja, dann wird es uns immer mehr geschenkt, alles zu lieben, was und wie Er es geschaffen hat, den ganzen Kosmos. Dafür ist wiederum der heilige Franz ein beredtes Zeugnis, der nicht nur die Kreatur in seine Liebe einschloß, den Vögeln predigte und das Würmlein vom Weg aufhob, sondern von „Bruder Wind" und von „Schwester Sonne" sprach.

Und wie Jesu Liebe nicht eine Liebe ist, die sich erschöpft in freundlichen Worten und Gefühlen der Zuneigung, sondern sich darin erwiesen hat, daß Er sich erniedrigte unter alle und aller Diener wurde, daß Er sich entäußerte aller Ehren, Reichtümer und Gaben, daß Er gehorsam ward bis zum Tode, so ist der Weg der großen Liebenden, der Weg der Jesusjünger, auch von diesen Merkmalen geprägt. Sie suchen keine anderen Rechte, als Liebe auszusäen, Liebe, die sich dem anderen unterordnen, für ihn alles aufgeben und opfern kann, weil sie nicht herrschen, sondern dienen will. Diese Liebe zu Jesus, die ein Kennzeichen hat, daß sie todesbereit ist, ist allein lebenzeugend. Die echte bräutliche Liebe, entzündet von der Liebe Jesu, die für uns in den Tod ging, wird eine Flamme, die sich nun auch todesbereit für die Brüder verzehrt und mit dem Apostel Paulus spricht: „Ich erdulde alles um der Auserwählten willen, auf daß auch sie die ewige Seligkeit erlangen" (2. Tim. 2,10), ja, auf daß nur etliche errettet werden.

Liebe zu Jesus, deren Eifern darum geht, daß die gerettet werden, die Er liebt, macht so auch zu Missionaren, zu Kündern Seines Namens voller Herrlichkeit. Deshalb konnten die Apostel nimmer schweigen von dem einen Namen, darin sie alles Heil und alle Seligkeit gefunden hatten, und wurden von dieser Botschaft zu Juden und Heiden in fremde Städte und Länder getrieben. In der bräutlichen Liebe zu Jesus liegt die Glut, kundzumachen, wer der Geliebte ist, der unser ganzes Herz gefangengenommen hat, und von Seiner Schönheit, Seiner Liebe und Erlösermacht zu rühmen, zugleich aber auch das Brennen der Liebe zu den Brüdern, sie am Kostbarsten, an Ihm selbst, teilhaben zu lassen.

So wurden die Zungen der großen Liebenden zu einem feinen Griffel und ihre Worte zu Pfeilen, die die Herzen trafen und entzündeten in Liebe zu dem, der ihr Heiland und Seligmacher ist. Alle wahren Missionare waren Gesandte Seiner Liebe, zuerst selbst von dieser Liebe entfacht, so daß sie ausrufen mußten: „Brannte nicht unser Herz, da er mit uns sprach?" Voll großer Freude und Heiligen Geistes zeugten sie dann von dem Einen, der ihr Herz entzündete: Jesus. Aus dieser Liebe strömt die Liebe zu allen Seinen Kindern, sonderlich zu denen, die noch fern sind und die Seine Liebe am meisten sucht.

Welch eine wunderbare Macht liegt in der starken Liebe zu Jesus, die uns zum Segen für unsere Brüder werden läßt! Sie macht uns zu Zeugen und geistesgewaltigen Kündern Seiner Liebe, die uns das Heil und die Erlösung brachte, und zu Menschen, die mit Jesus ihr Leben lassen können für die Brüder, weil sie Jesus auf Seinem Weg in allem nachfolgen wollen.

LIEBE ZU JESUS –
„GEMEINSCHAFT SEINER LEIDEN"

Der Liebende will allezeit bei dem sein, den seine Seele liebt. So will der, der Jesus liebt, Ihm nahe und darum mit auf Seinem Weg sein. Und Jesus wiederum, der die liebt, die Ihn lieben, will sie bei sich haben. Darum sagt Er: „Wo ich bin, da soll mein Diener auch sein" (Joh. 12, 26). Dies gilt einmal für die Ewigkeit, wenn Jesus spricht: „Vater, ich will, daß, wo ich bin, auch die bei mir seien, die du mir gegeben hast, daß sie meine Herrlichkeit sehen" (Joh. 17, 24). Doch wie die Seinen droben an dem teilhaben werden, worin das Leben Jesu besteht: Herrlichkeit, Thronesgewalt, Himmelsseligkeit, so sollen sie aus Liebe zu Ihm schon hier auf Erden das, was Sein Erdenleben ausmachte, teilen.

Viele Male hat Jesus die Seinen aufgerufen, mit auf Seinen Weg zu treten: „So nun ich, euer Herr und Meister, euch die Füße gewaschen habe, so sollt ihr auch euch untereinander die Füße waschen" (Joh. 13, 14) – „So jemand unter euch will gewaltig sein, der sei euer Diener, gleichwie des

Menschen Sohn ist nicht gekommen, daß er sich dienen lasse, sondern daß er diene" (Matth. 20,26 u. 28). Damit fordert Er uns auf, mit Ihm den Weg der Niedrigkeit und Entäußerung zu gehen. Und weiter sagt Er: „Es ist dem Jünger genug, daß er sei wie der Meister. Haben sie den Hausvater Beelzebub geheißen, wie viel mehr werden sie seine Hausgenossen also heißen" (Matth. 10,25). – „Gedenket an mein Wort: Der Knecht ist nicht größer als der Herr. Haben sie mich verfolgt, so werden sie euch auch verfolgen" (Joh. 15,20) – „Meinen Kelch sollt ihr trinken, und mit der Taufe, mit der ich getauft werde, sollt ihr getauft werden" (Matth. 20,23).

Der Weg der Seinen mit Ihm ist also hier ein Weg des Mit-Ihm-Leidens. Jesus hat auf Erden Sein Kreuz getragen, und Sein Leben war vom Kreuztragen gekennzeichnet. So fordert Er Seine Jünger auf: „Nehmt euer Kreuz auf euch und folgt mir nach!" Ja, Er sagt, daß nur der Sein Jünger sein kann, der diesen Weg der Kreuztragung gegangen ist (Luk. 14,27) und damit seine Liebe zu Jesus bewiesen hat, die auf Seinem Weg bei Ihm sein, Ihn begleiten und Ihm folgen will. Und nicht nur an dem, was Jesus auf Seinem Weg über die Erde gelitten hat, muß die Liebe Anteil haben, sondern auch daran, was Er als der lebendig Gegenwärtige heute noch unter uns leidet.

Unter uns Menschen ist es schon so: Wenn eine Braut ihren Bräutigam liebt, will sie an seinem Weg, auch wenn er schwer ist, teilhaben. Sie fragt nicht mehr danach, ob und wie schwer dieser Weg ist. Entscheidend ist ihr, daß sie dort sein darf, wo ihr Bräutigam ist, daß sie an seinem Leben teilhat. Ja, wenn die Liebe uns treibt, verlangt es uns, gerade an dem Schweren, das der andere trägt, teilzuhaben. Es ist uns ein Vorrecht, da mithineingenommen zu werden; wir empfinden es als großes Vertrauen, das uns geschenkt wird. Dies wissen wir zu würdigen, und es ist uns kostbar.

Liebe kennt nur ein Betrüben, nicht allezeit bei dem zu sein, den sie liebt. Trennung ist für sie der größte Schmerz, demgegenüber alle Leiden und Nöte klein sind, die sie dadurch auf sich nehmen muß, daß sie am Leben des anderen teilhat. Wenn also Liebe den Geliebten leiden sieht, dann sucht sie einen Weg, auch dieses Leiden unmittelbar mit ihm teilen zu dürfen. So erleben wir es etwa in der Oper „Fidelio", daß die Frau dessen, der im Gefängnis schmachtet, nicht eher ruht, bis sie selber im Gefängnis Eingang findet. Ist das schon die Art menschlicher Liebe, wieviel mehr, wenn uns die Liebe aller Liebe, die Liebe zu Jesus erfaßt hat!

Der Jünger, der Jesus liebt, sieht Ihn als Kindlein in der armen, harten Krippe und dann als den Mann am Holz des Kreuzes. Wie arm und nackt, wie bloß und erniedrigt ist Sein Herr! Da fühlt er sich auf einmal nicht mehr wohl im Reichtum. Er muß, wozu uns der Philipper-Brief aufruft, gesinnt sein wie Jesus, der arm ward für uns. Und so muß er irdische Güter verschenken und ein Stück Armut ausleben, um ganz nah bei Ihm zu sein.

Er sieht Jesus, den er liebt, Ihn, den König aller Herrlichkeit und Schöpfer aller Menschen und der Welt als unbekannten Zimmermannssohn aufwachsen und dann als armen Wanderprediger ohne Geltung, ohne Ehre, von den Pharisäern ständig erniedrigt, über diese Erde gehen. Da sehnt sich der wahre Jünger darnach, mit Jesus Seinen Weg zu gehen und auch hier neben Ihm zu stehen, das heißt nach einem Platz zu streben, wo er keine Ehre, Anerkennung und Geltung in seinem Beruf oder in seinem Kreis bekommt, sondern wo er Möglichkeit hat, niedrige Wege zu gehen, arm, unerkannt und ungenannt zu bleiben.

Ja, „erste Liebe" will Jesus ganz konkret auf dem Weg der Armut und Niedrigkeit begleiten. So kann sie auch einen Menschen in der Mitte seines Lebens und auf der Höhe seines Wirkens dazu bringen, alles dahinten zu lassen. Da wird eine Lehrerin vom Ruf Jesu getroffen, den Weg der

Armut, der Niedrigkeit und des Dienens an den Allerärmsten mit Ihm zu gehen. Sie ist von allen in ihrem Beruf sehr geschätzt, weil sie große Gabe dafür hat. Dazu steht ein gesichertes Alter vor ihr, und da sie kränklich ist, ist sie an sich ganz besonders auf eine Pension angewiesen. Doch sie liebt Jesus und weiß, daß Er sie auf dem anderen Weg erwartet. So erwählt sie Seinen Weg, kündigt und geht damit ihrer Stellung und Pension verlustig. In ihrem Dienst als Schwester, den sie nun antritt, ist sie in keiner Kranken- und Altersversicherung mehr. Sie arbeitet im Kindergarten einer Randsiedlung an ganz armen Kindern und hat eine oft sehr schwierige Aufgabe dort. Für diesen Dienst der Liebe an den Allerärmsten muß sie sich nun mit ihren Mitschwestern alles, wessen sie nur bedarf, vom Herrn im Glauben erbitten. Doch sie geht den Weg freudig in Liebe zu Jesus und wird dabei zum Segen für viele Menschen.

Jesu Weg war aber nicht nur Armut und Niedrigkeit, sondern wurde zum Passionsweg. Da sieht die Liebe den, den sie liebt, dann dornengekrönt, mit dem Rohr in der Hand, verspeit, verspottet und geschmäht, und sie will nun wieder bei Ihm sein, allezeit bei Ihm sein auch hierin.

Die Liebe treibt zur Hingabe, auch willig Wege zu gehen, auf denen Menschen uns absondern und unseren Namen schelten und schmähen um deswillen, daß wir Jesu Weg ohne Kompromisse gehen.

Der Liebende sieht Jesus weiter mit dem Kreuz beladen hinauf nach Golgatha gehen und immer wieder unter diesem Kreuz zusammenbrechen. Nur einer war damals bei Jesus auf diesem Gang der Kreuztragung, Simon von Kyrene, und dieser nur gezwungenermaßen. Da wird die Liebe zu Jesus in Seinem Jünger heute zum brennenden Begehren, nun bei Ihm erfunden zu werden, wenn Er auch heute noch das Kreuz der Welt, alle abgeschüttelten Kreuze der Seinen, aufnehmen und tragen muß. So spricht er: „Leg auf, ich will's gern tragen", und bückt sich unter die Lasten, die Gott ihm auferlegt, Tag für Tag in dem Dank: Ich darf bei Ihm sein, den ich liebe, allezeit, auch hierin. Er weiß, wie sehr er mit seinem Herrn vereint wird auf diesem Weg, wenn er sein Kreuz trägt.

Doch diese Liebe, die Seinen Weg teilen will – wie oft hat Jesus sie missen müssen bei den Seinen – damals und heute! Wohl waren Seine Jünger bei Ihm in den Jahren Seiner Wanderschaft, hatten aus Liebe zu Ihm alles verlassen und teilten Mühsal und Armut mit Ihm. Doch war ihre Liebe noch klein, es war noch nicht die eigentliche, die bräutliche Liebe, darum hatte das „Bei-Ihm-Sein" eine Grenze, als es zum „Mit-Ihm-Leiden" ging. Jesus hatte, ehe Er den Weg der Passion betrat, gesprochen: „Wo ich bin, da soll mein Diener auch sein." Aber wen von Seinen Jüngern fand Er dann dort, wo Er war? Im Grauen Gethsemanes ließen sie Ihn allein und schliefen. Bei der Gefangennahme flohen sie, und als Er gebunden zu Kaiphas gebracht wurde, war keiner von Seinen Jüngern zu finden, der sich öffentlich zu Ihm bekannt hätte. Petrus, der im Hof von ferne das Verhör miterlebte, verleugnete Ihn. Bei den fünf Prozessen stand Jesus allein vor den Richtern. Auch bei der Geißelung, Dornenkrönung und Kreuztragung Jesu war Ihm keiner Seiner Jünger zur Seite. Unter dem Kreuz stand dann nur Johannes als einziger Jünger.

Ob das Wort: „Wo ich bin, da soll mein Diener auch sein" später den Jüngern ins Herz gefahren ist und als Anklage wie ein Stachel in ihrem Herzen saß: Wir waren nicht bei Dir, als es darauf ankam! Und ob dieses Wort ihnen nicht auch dann, als die Buße sie zu wahren Liebenden gemacht hatte, geholfen hat, um jeden Preis nun immer dort zu sein, wo der Weg ihres Herrn war? Das haben sie ja dann tatsächlich getan, indem sie auf den Spuren Seines Kreuzesweges in Leiden, Verfolgung und Tod gegangen sind.

Darum werden sie droben wieder dort sein, wo ihr Herr ist, den sie von ganzem Herzen liebten, werden bei Ihm sein in Seiner Herrlichkeit.

Nun sucht Jesus heute unter uns nach Liebenden, die Ihn nicht allein lassen wie Seine Jünger damals auf dem Passionsweg, sondern wie diese es nach der Auferstehung taten, Ihm heute auf dem Weg der Kreuzesnachfolge aus Liebe folgen. Ja, die Ihn lieben – und nur solche – drängen danach, bei Ihm zu sein auf allen Wegen und allezeit, weil sie allein und losgelöst von Jesus – und wäre es an und für sich in einem glücklichen Leben – nicht mehr leben können; denn Er ist ihr Leben geworden. Diese Liebenden haben erkannt: Wo unser Herr Jesus ist, da ist das wahre Leben, ist Freude und Glückseligkeit mitten im Leid, weil Er selber die Freude ist, der Friede und volle Genüge.

Die mit Jesus auf dem Kreuzweg gehen, wissen vor allem das eine, daß auf dem Grunde des Leidensbechers die kostbarsten Perlen zu finden sind, die verborgenen Kleinodien, die uns in die Geheimnisse des Herzens Gottes, Seiner Liebe hineinführen. Im Leiden wird die echte, die tiefste Liebe bewährt, durch die sie den Schlüssel zu Gottes Herzen bekommen. Dann offenbart ihnen Gottes Geist, was Gottes Herz bewegt, Sein Lieben und Sein Leiden: Sein Leiden um alle die, die doch Seine Kinder sind und

noch nicht heimgekehrt zu Seinem Herzen, –
Sein Leiden, daß Er, der alle Seine Menschenkinder so innig liebt und für sie Jesus in den Tod
gab, so wenig geliebt wird, auch von den Seinen, – Sein Leiden um Sein geliebtes und auserwähltes Volk Israel, das sich noch immer nicht
durch Seines eingeborenen Sohnes Opfer hat
heimbringen lassen, – Sein Leiden um all die
Zertrennungen unter den Gliedern des Leibes
Jesu, – Sein Leiden um das Überhandnehmen
der Finsternismächte und Sündenkräfte bei Seinen Menschenkindern.

Gottes Schmerz wird denen, die Ihn lieben, zu
ihrem eigenen Schmerz. Als Jesu Jünger dürfen sie teilhaben an dem Leiden, den Anliegen
und Nöten des Meisters, als Kinder Gottes an
dem Schmerz des Vaters. Und aus der Liebe heraus, die die Leiden dessen, den sie liebt, mittra-
gen und – wo es möglich wäre – abnehmen will,
spricht der Apostel Paulus: „Nun freue ich mich
in meinem Leiden" (Kol. 1,24). Warum bricht er in
dieses Freuen aus ob seines Leidens? Wie kann
man sich über Leiden freuen? Er freut sich, weil
er den Weg Jesu teilen darf mit dessen Kennzeichen der Armut, Erniedrigung und Anfein-
dung, Schmach und Verfolgung. Und er kann
sich dabei im Leiden freuen, weil es ein Leiden ist,
das er für Jesus leidet. Darum rühmt er sich der
Trübsale, wie er an anderer Stelle sagt (Röm. 5,3).

Denn er weiß, hier darf er seinen Herrn und Meister in Seinem Schmerz um die unvollendete Gemeinde trösten, darf helfen, daß sie vollendet wird, indem er „an seinem Fleisch erstattet, was noch mangelt an Trübsalen in Christo für seinen Leib."

Welch ein Vorrecht hat also Jesus Seinen Jüngern gegeben! Ein Vorrecht, das nur Liebenden zuteil wird. Welch großes Vertrauen, dieses Erschließen Seines innersten Herzens! Jesus erlaubt Seinen Jüngern, mit ihrem Leiden noch zu erstatten, was fehlt an Trübsalen, daß Seine Auserwählten vollendet, selig und herrlich würden. Gibt es ein größeres Vorrecht, als mithineingenommen zu werden in diese „Gemeinschaft Seiner Leiden" (Phil. 3,10)? Und sollte ein Jünger, der Jesus liebt, nicht von solch einem Vorrecht Gebrauch machen? Sollte ihm das nicht das heiligste Anerbieten sein, eine Kostbarkeit, die er ängstlich hütet, die er um nichts mehr preisgibt? Nur wenige Menschen haben diese Kostbarkeit entdeckt, obwohl die Schrift so klar in den verschiedenen Worten davon sagt. Aber die Jesus lieben, werden nach diesem Schatz begehren, denn wahre Liebe treibt immer ins Opfern, ins Mitleiden, in die Gemeinschaft der Leiden mit dem Geliebten.

Über allem aber, was mit der Liebe zu Jesus und so auch mit den Opfern aus Liebe zu tun hat,

liegt ein zarter Schleier. Alles, was dieses Liebesverhältnis zwischen Gott und Menschen angeht,
steht unter einem Geheimnis. Im Epheserbrief
schreibt der Apostel Paulus von dieser innigsten
Vereinigung, von der die Ehe nur ein Schatten
ist, und sagt: „Das Geheimnis ist groß, ich sage
aber von Christo und der Gemeinde" (Eph. 5,32).
So spricht die Schrift auch von dem „Geheimnis"
der Entrückung (1. Kor. 15,51), weil es hier ebenso
um die Liebe geht; denn nur die Ihn lieben,
werden zu Jesus entrückt werden, um bei Ihm
zu sein allezeit.

Nur an einigen Stellen der Heiligen Schrift leuchtet darum von diesen Dingen etwas auf. Da
spricht der Apostel Paulus davon, daß er bis
in den dritten Himmel entzückt war (2. Kor. 12,2),
oder mehrmals davon, wie er in das Leiden um
der anderen Seelen willen hineingenommen ist
(2. Kor. 12,15; Phil. 2,17; Kol. 1,24; 2. Tim. 2,10). Ja, an einer
Stelle heißt es, daß er die Wundmale Jesu trägt
(Gal. 6,17), weil er so mit Jesu Leiden vereinigt ist,
daß Gott ihm den Stempel auf alle Leiden seiner
Seele, seines Geistes und Leibes, vielleicht sogar
durch die sichtbaren Wundmale, aufdrückt. Er
war wirklich als Sein Diener dort, wo der Meister war. Er war allezeit bei Ihm auf Seinen Wegen, wie er das ja auch immer wieder bezeugt
(1. Kor. 4,17).

Doch wer von uns weiß heute etwas von dieser

Liebes- und Leidensgemeinschaft mit Jesus, wer weiß noch etwas von Leiden, die wir erleiden um Seiner Auserwählten willen, daß sie die ewige Seligkeit erlangen? Wer weiß von Leiden um Seine Gemeinde, auf daß sie zur Vollendung gelange? Ja, wem ist es solch ein Schmerz, daß die Gemeinde Gottes unvollendet und zerissen ist, daß er sich deshalb richtig freut, wenn er durch sein Leiden hier etwas erstatten darf? Wer von uns nützt die vielen kleinen Gelegenheiten des Alltags dazu aus, wenn die großen Bewährungsproben des Leidens noch nicht von uns gefordert werden?

In den ersten Jahrhunderten lebte dieser Geist, der ins Leiden drängt, in vielen der Seinen, weil die „erste Liebe" noch da war, die eine Macht war und ins Opfern für Jesus und damit für Seine Gemeinde, für Seine Auserwählten trieb. Diese Liebenden, die ihre Liebe im Leiden bewiesen, wurden der Same der Kirche Jesu Christi. Und immer wieder im Laufe der Kirchengeschichte waren es einzelne, die in der Glut der Liebe solche Wege mit Jesus gingen und in der Leidensgemeinschaft mit Ihm zu Segensträgern wurden.

So zum Beispiel die baltischen Märtyrer in der Zeit der russischen Revolution oder in unserer jüngsten Vergangenheit Menschen wie Pfarrer Paul Schneider, dessen

Leben und Sterben ein Zeugnis für solche Liebe ist. Er kam im Konzentrationslager Buchenwald unter qualvollen Leiden ums Leben, weil er es wagte, den Machthabern des Dritten Reiches gegenüber für die Wahrheit des Wortes Gottes einzustehen. Und nicht im geringsten wich er von diesem Weg ab, wo er dadurch hätte Erleichterung haben können, sondern achtete selbst die Folter des Todesbunkers, die ihn dafür traf, für nichts, um dennoch, wo er nur konnte, seinen Mitgefangenen die frohe Botschaft des Evangeliums zuzurufen. Etwas von seinem Erleben, das zeigt, wie die Liebe im Leiden Gott am nächsten kommt, klingt in einem zeugnishaften Wort aus seinem Tagebuch auf: „Die dunkelsten Stunden unseres Lebens führen uns auch am nächsten zu Gott, und wir schulden Gott für sie den größten Dank."

Auch der Begründer der Christkönigsgesellschaft Max Joseph Metzger, als Bruder Paulus bekannt, war ein solcher Liebender. Er wurde 1944 hingerichtet, weil er sich für den Frieden und die Verständigung der Völker und Konfessionen in der Liebe Christi einsetzte. Im Gefängnis schrieb er im Blick auf den dorngekrönten Herrn, der ihm vor der Seele stand:

„Ach nein, mein Herr, Dein Antlitz leuchtet
umsonst mir nicht in bangedüstrer Nacht.
Ich geh den Weg mit Dir! Mit Dir am Kreuze
Dein Jünger hält in Liebestreue Wacht."

Auf solche Liebestreue und Leidenshingabe
wartet der Herr heute, sonderlich unter uns,
da wir in die letzte Zeit hineingehen.

JESU WIEDERKUNFT – SCHEIDUNGSZEIT

„Es ist nahe gekommen das Ende aller Dinge" (1. Petr. 4,7). Das kann wohl unsere Generation anders als frühere sagen, denn die Zeichen der Zeit, die das nahende Ende künden und von denen Jesus sagt, daß wir auf sie achten sollen, erfüllen sich bereits vor unseren Augen: Israel kehrt aus allen Völkern heim in das Land seiner Väter. Das war für das Ende der Tage prophezeit (Hes. 38,8; 39,28). Das Evangelium wird in die fernsten und entlegensten Länder gebracht (Matth. 24,14), – und wir sind in das Atomzeitalter eingetreten und damit dem, was die Posaunengerichte an kommenden Verheerungen schildern (Offb. 8 u. 9), nahe gekommen.

So stehen wir also vor der Wiederkunft Jesu, von der geschrieben steht: „Er selbst, der Herr, wird mit einem Feldgeschrei und der Stimme des Erzengels und mit der Posaune Gottes herniederkommen, und die Toten in Christo werden auferstehen zuerst. Darnach wir, die wir leben und übrig bleiben, werden zugleich mit ihnen hingerückt werden in den Wolken, dem Herrn entgegen in der Luft, und werden also bei dem Herrn sein allezeit" (1.Thess. 4,17). Wer aber wird teilhaben an dieser Nachfahrt Seiner Himmelfahrt? Wer gehört zu den Seinen, die Ihm entgegengerückt werden, wenn das Feldgeschrei erschallt und die Stimme ertönt: „Der Bräutigam kommt"? Die allein, die diese Stimme hören werden. Und das werden nicht alle sein, die sich zu den Seinen zählen. Warum? Wir Menschen hören nur auf die Stimme dessen, den wir wirklich kennen und lieben, besonders dann, wenn viele Stimmen uns umgeben. Dann hört nur die Liebe die Stimme dessen heraus, den sie liebt, und vermag ihr zu folgen.

Wohl mag Jesu Stimme dereinst sein wie großes Wasserrauschen oder wie ein Feldgeschrei; doch wie laut ertönen heute die Stimmen dieser Welt, und noch lauter werden ihre Geräusche in der letzten Zeit sein. Wer hört Jesu Stimme unter vielen anderen dann heraus? Nur die Ihn lieben, – die anderen vernehmen sie nicht. Denn so war es auch zu Jesu Zeiten: Viele sahen Ihn und erkannten Ihn doch nicht, viele hörten Ihn und nahmen doch nicht Seine Stimme in sich auf. „Wie viele ihn aber aufnahmen, denen gab er Macht, Gottes Kinder zu werden" (Joh. 1,12), und wird sie dereinst aufnehmen in Sein himmlisches

Reich, daß sie bei Ihm seien allezeit. Denn als Kinder Gottes müssen sie bei ihrem Vater sein und als Glieder Jesu bei ihrem Haupt. Jesus holt die Seinen selbst ab, ja, Er wird kommen in den Wolken des Himmels, um sie zu sich zu nehmen.

So antwortet Jesu Liebe auf das Verlangen der Seinen, mit Ihm vereint zu sein allezeit, ohne jede Trennung, die für Liebende immer Betrüben bringt. Je näher der Tag Seiner Wiederkunft und damit die „Hochzeit des Lammes" kommt, desto schwerer wird der Liebe Jesu wohl das Warten. Ebenso drängen die Seinen in dieser letzten notvollen Zeit zu Ihm mit großem Sehnen. Denn sucht die Liebe dieses Einssein nicht ganz besonders in Zeiten der Not? Da will sie den anderen sonderlich nahe bei sich haben. Schon unter Menschen ist es so. Braut und Bräutigam können eine Zeitlang in einer Schar vieler Menschen scheinbar untergehen, daß man ihre Zusammengehörigkeit nicht mehr erkennt. Doch wenn ein Feuer ausbricht oder irgendeine Gefahr kommt, kann man wohl feststellen, wer hier als Braut und Bräutigam zusammengehört. Sie streben unwillkürlich zusammen, weil sie nach dem Gesetz der Liebe eng verbunden sind. So wird es in der letzten Zeit sein. Nun muß sich zusammenfinden, was nach dem Gesetz der göttlichen Liebe zusammengehört. Da scheiden sich die Geister, denn letzte Zeit ist Scheidungszeit, ist Zeit der großen Gerichte. „Das Gericht aber fängt an am Hause Gottes" und sondert aus, was nicht hineingehört ins Reich Gottes.

Auf Erden wird es immer mehr Nacht, Kriege und Kriegsgeschrei nehmen zu. Die Ungerechtigkeit nimmt überhand, das „Geheimnis der Bosheit" regt sich, und das „Kind des Verderbens", der Widersacher, wird langsam offenbar und beginnt, seine Macht und seinen Einfluß auszuwirken (2. Thess. 2,3 ff). Da nimmt er selbst die Gläubigen weithin in seinen Bann, in denen die Liebe erkaltet ist, die auch unter die Macht des Kriegens und Streitens, der Ungerechtigkeit und der Lügenkräfte Satans gekommen sind (Matth. 24). Wie ein Magnet zieht dieser alle die an, die ihrem Herzen nach zu ihm gehören, weil sie von seinem Wesen in sich tragen, dagegen Jesus als der Bräutigam alle, die Ihn lieben und Sein Wesen ausstrahlen. Da geschieht Scheidung unter denen, die lange Zeit zusammengehörten, die vielleicht zusammenlebten in einer Gemeinde oder Gemeinschaft und scheinbar zusammen dem Herrn entgegengingen. Zu der Zeit werden zwei miteinander auf dem Felde sein; der eine wird von Jesus angenommen und hinweggerückt, der andere nicht (Luk. 17,36). Jeder einzelne, ob er will oder nicht, ob er es weiß oder nicht, wird auf eine Seite der großen Gegenpole gezogen: entweder zu Christus oder zum Antichristen.

Welch furchtbare Tatsache: Gläubige Christen, ihnen selbst unbewußt, kommen unmerklich unter den Einfluß des Antichristen, des Herrschers der Finsternis, weil sie nicht darüber gewacht haben, daß die Liebesflamme in ihnen brannte. Darum konnte noch so viel Finsternis und Ungereinigtes in ihnen bleiben, und sie stehen eines Tages mitten in den Reihen des Antichristen. Sie waren nicht wach, solange noch Zeit war, den alten Sauerteig auszufegen. Nun ernten sie die Saat der Lauheit und Weltangeglichenheit – der Fürst dieser Welt verschlingt sie beim Aufrichten seines Reiches auf Erden. Darum können wir es uns in dieser vorantichristlichen Zeit nicht mehr leisten, nicht im ganzen Kampf gegen die Sünde zu stehen, nicht in der vollen Hingabe einer verschwenderischen, törichten, opferbereiten Liebe zu Jesus zu leben, da letzte Zeit als Krisen- und Gerichtszeit nur ein Entweder – Oder kennt, ein Angenommenwerden von Jesus oder ein Zurückgelassenwerden unter der antichristlichen Herrschaft. Denn dann offenbaren sich das Haupt des Reiches des Lichts und das Haupt des Finsternisreiches: Jesus kommt in den Wolken des Himmels, Satan erscheint auf der Erde als Mensch. Beide sammeln ihre Heere, um dann mit ihnen zum Endkampf anzutreten (Offb. 19,19) und in die Schlacht zu ziehen: Jesus mit Seinen Auserwählten – der Antichrist mit seinen Anhängern.

Dann wird enthüllt, zu welchem Haupt die Glieder gehören. Jede Verhüllung fällt weg, jeder Schein wird aufgedeckt, und das Wesen des Menschen wird offenbar. Dann zeigt sich, worin jede Seele eigentlich gelebt und wem sie letztlich in ihrem Herzen gedient hat, ganz gleich, welcher Konfession oder welchem Kreis sie zugehörte. Nun geht es nur noch um die Frage, wem wir unserem Herzen nach angehörten, wen wir letztlich über alles liebten. „Die Christo angehören, wenn er kommen wird, werden lebendig gemacht" (1.Kor. 15,23), und „die da leben und übrigbleiben, werden zugleich mit ihnen hingerückt werden in den Wolken, dem Herrn entgegen in der Luft" (1.Thess. 4,17).

Doch wie viele werden in dieser Stunde nach den Worten des Herrn entdeckt werden, die hier im frommen Gewande, „in Schafskleidern", einhergehen, inwendig jedoch „reißende Wölfe" geblieben sind: unversöhnlich, rebellisch, voll Rottengeist, giftig, verleumderisch, neidisch! Von solchen sagt die Schrift, daß sie das Reich Gottes nicht ererben werden (Gal. 5, 19 - 21). Darum muß es sich ihnen in dem Augenblick verschließen, wenn Jesus wiederkommt, die Seinen in Sein Reich zu holen. Es bleiben zurück, die den Namen haben, daß sie leben, und doch tot sind. Denn es wird ja nicht nur von denen, die das Böse in ihrem Herzen behielten, gesagt, daß sie das Reich Gottes nicht ererben können, sondern auch von den toten, lauen Gliedern des Leibes Christi heißt es: „Ich werde dich ausspeien aus meinem Munde" (Offb. 3,16). Warum? Weil geistlicher Tod das Merkmal einer erstorbenen Liebe ist. Wo Leben ist, wird geliebt, denn Leben und Liebe ist nach der Aussage der Schrift über das Wesen Gottes dasselbe: Gott ist Liebe, und Gott ist Leben. Und so bleiben die zurück, die, weil sie Jesus nicht liebten, sich nicht als wahre Braut auf die Hochzeit bereiteten.

Dann wird das große Klagen und Jammern der Zurückgebliebenen anheben und der verzweifelte Ruf aus dem Munde vieler, die Jesus kannten, kommen: „Zu spät! Zu spät! Die Tür ist verschlossen – sie ist verschlossen!" Jesus spricht in dieser Stunde zu solchen, die Ihm scheinbar zur Hochzeit entgegengingen und darum sicher waren, dabei zu sein, das eherne Wort: „Ich kenne euch nicht." Jetzt wird Er nur die als Seine Jünger, Seine Braut anerkennen, die Ihn geliebt haben und Ihm aus Liebe auf Seinem Weg folgten. Denn diese haben nicht nur den Namen, daß sie leben, sondern sie tragen das Leben in sich; in ihrem Herzen brennt das Feuer der Liebe. Daran erkennt sie der Bräutigam als die Seinen, weil Er selbst die ewige Liebe ist und in Seinem Herzen ein Feuer der Liebe trägt, das noch die ganze Welt erfüllen will. So ist die Wiederkunft Jesu das Kommen Seiner Liebe als Bräutigam zu denen, die Ihn lieben. Sie allein werden mithineingenommen zur Hochzeit des Lammes.

Auf die Liebe kommt es also im Blick auf die Wiederkunft Jesu in unserem Glaubensleben an, auf sie vornehmlich. Dann, wenn wir vor den lebendigen Herrn gestellt sind, wird an unser Herz die eine Frage gerichtet, nämlich die Frage Jesu an Simon Petrus: „Hast du mich lieb?", und es wird sich in Wahrheit das Wort Jesu erfüllen, daß Er sich denen offenbart, die Ihn lieben, und daß die, „die seine Erscheinung liebhaben" (2. Tim. 4, 8b), zum Hochzeitstag gekrönt werden. Jetzt wird das Lob Jesu „Sie hat viel geliebt" kostbar sein und mehr gelten als alle Gaben und Schätze dieser Welt; denn nur die, welche Ihn liebten, die diese Zeichen der Braut an sich tragen, werden nun die Gnade der Vereinigung mit Ihm, die Gnade der Entrückung erleben. Keine andere Seele wird Ihn schauen, wenn Er in den Wolken des Himmels kommt, denn in dieser Stunde offenbart Er sich als der Bräutigam Seiner Ihn liebenden Braut in der ganz besonderen und einmaligen Schönheit, Glorie und Majestät, die nur jene sehen, die zur Hochzeit des Lammes berufen sind und von denen ausgesagt werden kann: „Sein Weib hat sich bereitet – als eine geschmückte Braut ihrem Mann" (Offb. 19,7). Das sind also solche, die in einer innigen Jesusliebe standen, denn der wahre Schmuck der Braut ist ihre Liebe.

Weil es in dieser Stunde auf die Bereitung ankommt, darum ruft uns die Schrift zu: „Schaffet, daß ihr selig werdet, mit Furcht und Zittern", denn „ohne Heiligung wird niemand den Herrn sehen" – kann niemand Ihm entgegengehen, wenn Er kommt, und Sein Angesicht schauen. Das können nur die, die reines Herzens sind (Matth. 5,8). So ruft die Schrift weiter auf: „Jeder, der solche Hoffnung hat – Ihn zu schauen –, der reinigt sich, wie er rein ist" (1.Joh. 3,3), daß er am Tag der Entrückung und der Hochzeit geheiligt und in Sein Bild verklärt sei. Und allein die Liebe ist die Triebfeder, sich reinigen und läutern zu lassen. Eine Braut tut alles, um dem Bräutigam ähnlich zu werden und ihm zu gefallen, weil sie ihn liebt, wie sollte es eine Gottesbraut nicht erst recht tun?

So steht sie in einem Glaubenskampf gegen die Sünde bis aufs Blut, nimmt die Aufforderung ihres Bräutigams ernst und tut darnach: „Tut Buße, denn das Himmelreich – Sein Kommen als Bräutigam – ist nahe herbeigekommen!" Aus Liebe zu Ihm will sie um jeden Preis für Ihn bereitet werden. Ja, sie eifert um dieses Ziel für sich, wie es der Apostel Paulus für die ihm Anvertrauten tut, wenn er sagt: „Ich eifere um euch mit göttlichem Eifer, denn ich habe euch vertraut einem Manne, daß ich eine reine Jungfrau Christo zubrächte" (2. Kor. 11,2). Um solcher Hoffnung willen, Ihn zu sehen und mit Ihm zur Hochzeit einzugehen, duldet die Liebe an sich keine Entstellung, weil sie dem Auge des Bräutigams wohlgefallen will, „der sich selbst eine Gemeinde darstellen will, die herrlich sei, die nicht habe einen Flecken oder Runzel oder des etwas, sondern daß sie sei heilig und unsträflich" (Eph. 5,27). Das ganze Trachten der Braut geht darnach, aus Seinem Munde einst das Wort zu hören: „Du bist allerdinge schön, meine Freundin, und ist kein Flecken an dir" (Hohl. 4,7). Sie weiß, daß sie dem Bräutigam im Gewand der Demut am besten gefällt, weil der Herr nach Seinem Wort Wohlgefallen hat, in demütigen Herzen zu wohnen. So gibt sie sich allen Züchtigungen hin, die sie in Jesu Bild verwandeln können, wissend, daß wir gezüchtigt werden müssen, damit uns Seine Heiligung zuteil wird.

Bei diesem Ziel, um das die Liebe eifert, geht es also um das Letzte, die Vereinigung mit dem Herrn, die Entrückung oder Erstauferstehung zu erreichen und Gottes Sohn, dem Heiligen selbst, ins Angesicht zu schauen. Wer kann das aber ertragen, da Jesu Augen wie Feuerflammen sind (Offb. 1,14), ja, Sein Anblick so gewaltig und die Lichtesfülle, die von Ihm ausstrahlt, so überwältigend ist, daß keine sündenkranke, finstere Seele sie ertragen kann, sondern voll Entsetzen ausruft: „Fallet über uns, ihr Berge und Felsen, und verbergt uns vor dem Angesicht dessen, der auf dem Stuhl sitzt, und vor dem Zorn des Lammes!" (Offb. 6,16). Ihm begegnen ist größte Entscheidungsstunde. Die Seinem Ebenbilde gleich geworden sind, werden sich mit Ihm vereinen – und solche, die Sein Bild nicht tragen, werden von diesem Angesichte hinweggeschleudert werden. Darum ruft Jesus im Gedanken an die Stunde Seines Kommens so ernst und eindringlich: „So seid nun wach allezeit und betet, daß ihr würdig werden möget, zu stehen vor des Menschen Sohn" (Luk. 21,36).

Den Liebenden, die wachen und bereit sind, schließt sich also die Tür des Himmelreiches und Hochzeitssaales auf – die Liebe ist der Schlüssel. Haben wir ihn – jetzt in dieser letzten Zeit, in der Jesu Kommen vor der Tür steht? Wir wissen nicht dessen Zeit und Stunde, wissen aber, daß es nahe gerückt ist. Die Wächter auf den Zinnen der Gottesstadt blasen in die Posaunen, und der Ruf erschallt: „Macht euch bereit, der Bräutigam kommt, der König!" Wer kann Ihm entgegengehen und in Sein Angesicht schauen? Wer wird

dann bei Ihm bleiben allezeit? Die liebende
Seele. Sie strebt zu Ihm hin, selbst im Wissen,
daß Seine Heiligkeit sie vernichten könnte. Doch
kann die göttliche Liebe den nicht von sich sto-
ßen, der liebend zu ihr kommt. So wird Jesus der
liebenden Braut die Tür auftun, daß sie eingehen darf, mit Ihm die Hochzeit zu halten.

DAS HOCHZIEL
DER LIEBE –
DIE HOCHZEIT DES LAMMES

„Selig sind, die zum Abendmahl des Lammes berufen sind" (Offb. 19,9), sagt Gottes Wort. Glückselig zu preisen sind sie, denn es ist nicht auszudenken und auszusprechen, was dieser Tag ihnen bringt, wenn sie eingehen dürfen zur Tür des Hochzeitssaales. Alle Freuden und Wonnen dieser Erde sind mit der „Hochzeit des Lammes" nicht zu vergleichen. Es ist das Fest der großen Liebe. Hier gibt der König der Himmel und aller Welten ein Fest als Bräutigam, Sein eigenes Hochzeitsfest mit der Braut Seiner Liebe. Sollte Er da nicht alles aufbieten, um es einem königlichen, himmlischen Fest entsprechend würdig zu gestalten?

Wie werden zehnmal Zehntausende der Engelheere, die Ihm zu Diensten stehen, eilen, die Hochzeit zu bereiten! Wie werden sie, „die dienstbaren Geister, ausgesandt zum Dienst um derer willen, die ererben sollen die Seligkeit" (Hebr. 1,14), jetzt in Bewegung sein, die Hochzeitstafel himmlisch schön zum Abendmahl zu bereiten und zu schmücken! Ja, wenn die Engel den Gläubigen, die noch hier auf Erden sind, schon gedient haben, wieviel mehr werden sie nun, da die Seinen als Könige in des Vaters Reich einziehen, ihnen dienen ohne Unterlaß! Und die Chöre der Seraphim und Cherubim werden ihre schönsten Lieder anstimmen, um Jesus zu preisen ob der Braut an Seiner Seite und deren Schöne. Denn das Blut des Lammes hat Sünder zu Seiner Braut verwandelt, die Seine Züge trägt und mit Ihm auf Seinem Thron sitzen darf (Offb. 1,5 u. 6; 3,21; Eph. 5,25-27). Und unzählige Chöre von Engeln werden den König und Seine Braut am Hochzeitstag des Lammes in Reigen umschweben, so daß der ganze Himmel ein Jauchzen und Singen sein wird, ein Rauschen der Harfen und ein nie endendes Lobgetön. Die Braut wird hineingenommen sein in dies Jubilieren des ganzen Himmels, in den Glanz der Schönheit und das überirdische Leuchten des Hochzeitssaales, der aufstrahlen wird in himmlischer Pracht.

Doch inmitten all der Herrlichkeit wird die Braut dennoch wie eine Träumende sein und als wahre Liebende nur für eines Augen haben: für den, den ihre Seele liebt, „das Lamm mitten im Stuhl", ihren Bräutigam. Und in all dem Jubel der Engelstimmen wird sie nur auf eine Stimme hören: auf die Stimme des Königs aller Könige, bei dem

sie nun sein darf allezeit, Ihn schauend von An-
gesicht zu Angesicht, dessen Herrlichkeit sich
jetzt unverhüllt offenbart und allen Glanz der
Himmel und Cherubim in den Schatten stellt.
Denn ob zehnmal zehntausend Engel in ihrem
Glanz im Himmel aufstrahlen – da schon ein
Engel mit seinem Glanz die Erde erleuchtet
(Offb. 18,1) –, so ist es, als ob sie kein Licht ausge-
strahlt hätten, wenn der erscheint, der alle Himmel füllt mit Seinem Glanz und stärker leuchtet
als viele Sonnen: Jesus! Darum heißt es, daß die
Stadt keiner Sonne noch des Mondes bedarf,
daß sie ihr scheinen, denn die Herrlichkeit Got-
tes erleuchtet sie, und ihre Leuchte ist das Lamm
(Offb. 21,23).

Ja, es geht gleichsam eine Flut von Licht und
Herrlichkeit von dem Angesicht Jesu aus, er-
gießt sich durch alle Himmel und taucht alles ein
in Glanz und Schönheit. Ob es die Engel oder
die Vollendeten sind, die goldene Stadt in ihrem
Strahlenglanz, – alles ist nur ein Widerschein
des Einen: Jesus, dessen Liebe und unaussprechliche Schönheit allem, was in den Himmeln lebt,
den himmlischen Glanz verleiht. Wie sollte es
anders sein, als daß alles in wunderbarem Glanz
erstrahlt, steht es doch unter Seiner unmittelba-
ren Berührung, Seiner Herrschaft. Nichts kann
hier Seinen Einfluß hemmen, der auf Erden durch
viele Schichten von Sünde und Feindesmacht

hindurchbrechen muß. Droben kann sich die Strahlenkraft der Liebe Jesu ganz auswirken. Darum ist der Himmel wahrhaft himmlisch licht bis hin zu dem Gold der Gassen, der Jaspismauer, dem kristallenen Strom, die alle klar und durchsichtig sind. In der Gottesstadt wird alles wie zu einer Auffangstation der Liebe – bis hin zu jedem Baum oder jeder Blume, die einzig dazu geschaffen sind, Jesu Glanz und Schönheit in sich aufzunehmen und in vielen Weisen widerzustrahlen. Es ist wirklich eine „Stadt Jesu", die Stadt Jerusalem, und jede Seele darin steht unter Seinem Glanz.

Wenn die Braut nun „den König sehen darf in seiner Schöne", wird sie – wohl noch ganz anders als jemals auf Erden – sprechen: „Du bist der Schönste unter den Menschenkindern, holdselig sind deine Lippen" (Psalm 45,3). So wird es vielleicht ein Wechselgespräch geben, wie es uns im Hohenlied vorgeschattet ist, wenn der Bräutigam in großer Liebe beglückt zu Seiner Braut spricht: „Wie schön ist deine Liebe, meine Schwester, liebe Braut!" (Hohl. 4,10a), und sie ausruft: „Mein Freund ist auserkoren unter vielen Tausenden, ein solcher ist mein Freund!" (Hohl. 5, 10 u. 16). Ja, es wird ein inniges Liebesgespräch zwischen Braut und Bräutigam sein, da Liebe der Liebe antwortet und sich in Wort und Werk beweisen will.

Und die Braut wird bei dem majestätisch-königlichen, göttlichen Anblick des Bräutigams, ihres Herrn, nur zu Seinen Füßen niedersinken können, um Ihn anzubeten. Doch Er erhebt sie zu Seiner Rechten; sie ist ja Seine Braut, von der gesagt wird: „Sie stehet da in eitel köstlichem Gold" (Psalm 45,10). Im Feuer der Trübsal sind ihr Glaube und ihre Liebe bewährt. Nun erstrahlt sie in himmlischem Glanz und in Schönheit. Wer vermag, in solcher Braut den Sünder wiederzuerkennen? Königlich ist sie jetzt gekleidet, in weißer Seide, gekrönt mit der Krone der Gerechtigkeit (2. Tim. 4,8), und so darf sie an der Seite des Königs aller Könige die Hochzeit mit Ihm feiern.

Nun trägt sie die Krone, die in ihrer Herrlichkeit den Demütigungen und der Schmach entspricht, die sie um Seines Namens willen in Geduld, Demut und Liebe ertrug. Sie wird mit herrlichem Schmuck geziert (Jes. 54,11; Hes. 16,11-12) als eine Braut würdig des Königs, dem das Weltall zu Füßen liegt. In dem Maße, in dem sie hier auf Erden aus Liebe zu Jesus mit Ihm Seine Wege der Armut, der Niedrigkeit und des Gehorsams, des Kreuzes gegangen ist, darf sie nun strahlen (1. Petr. 4,13). Welch unvergleichliche Schönheit und welchen Adel wird die Braut des Herrn der Welt, des Königs aller Könige tragen!

Doch trägt sie ihre Krone einzig deshalb, weil

Jesus sie ihr erwarb durch Seinen Leidensweg. Darum wird sie ihre Krone auch immer wieder abnehmen, weil ihre Liebe sie treibt, dem alle Liebe und Ehre zu geben, der sie so sehr geliebt und erlöst hat und den sie nun wieder von ganzem Herzen lieben und Ihm danken muß. Und so ist es ein heiliges Spiel im Himmel. Könnte es dort auch anders sein, wo Liebe regiert? Kronen werden vom Herrn aufgesetzt und doch wieder aus Liebe vor Ihm abgenommen! Es ist ein Wettstreit der Liebe: Der König und Bräutigam will Seine Braut ehren und sie bedienen beim himmlischen Mahl (Luk. 12,37), und die Braut, in ehrfürchtiger Liebe zu ihrem König, Heiland und Bräutigam erglüht, will Ihm die Ehre geben, ihre Krone Ihm zu Füßen legen und das Lied der Liebe und Anbetung singen (Offb. 4, 10).

Alle himmlischen Heerscharen jauchzen wohl über die Demut und Liebe ihres Schöpfers, der sich aufschürzt und Seiner Braut bei Tisch dient im himmlischen Saal. Sie freuen sich an der Krönung von solchen, die einst Sünder und „Gottlose" waren, doch nun reicher begnadigt sind als sie selbst, heißt es doch, daß die Gläubigen die Engel richten werden (1. Kor. 6,3).

Dieses Leben am Thron, das nun mit der Hochzeit begonnen hat, ist wahrhaft „ewiges Leben", ein Leben, das alles in heiliger Fülle in sich faßt: Jauchzen und Singen, Lieben und Geliebtwerden, Ruhen in Ihm und Regieren mit Ihm über die Völker (Offb. 2, 26 - 27), Geehrtwerden und Ehregeben. Es schließt alles in sich, dieses ewige Leben: letztes Wirken und tiefstes Ruhen, höchste Erhabenheit und tiefste Beugung, lautes Jauchzen der Freude und stilles Verweilen der Liebe an Seinem Herzen, Wohnrecht in der himmlisch schönen Heimat der Gottesstadt und dennoch heiligen Dienst für Ihn (Offb. 22, 3) in den ungezählten Himmelsräumen, von deren drei großen Abteilungen der Apostel Paulus sagt. Ja, Feiern ohne Ende beim himmlischen Mahl der Hochzeit des Lammes und Dienen und Wirken in Seinem Reich, das heißt Leben, „ewiges Leben" haben, das einen Reichtum, eine Vielfalt und Vielseitigkeit ohnegleichen in sich trägt. Doch weil dieses Leben aus Gott kommt, der die Liebe ist, ist es ein harmonisches Ineinander ohne Widerspruch, ohne Belastung. In der „Stadt des Friedens" – das bedeutet „Jerusalem" –, die von dem Friedefürsten regiert wird, gibt es nur ein Leben des Friedens und der Freude.

Was hat Gott bereitet denen, die Ihn lieben? Eine nicht auszusprechende Herrlichkeit, deren Erfüllung und Höhepunkt die Hochzeit des Lammes sein wird. So sind die Trübsale und Züchtigungen, die in unserem Erdenleben nötig waren, uns für dies hohe Ziel zu bereiten, wahrlich nicht wert, damit verglichen zu werden.

Hochzeithalten bedeutet hier auf Erden schon den Höhepunkt eines Lebens; es ist die „Hohe Zeit". Und doch ist dieses Hochzeitfeiern nur ein schattenhaftes Ahnen auf dem Boden des irdischen, sündigen und unvollkommenen Lebens gegenüber der eigentlichen Hochzeitsfeier, die ohne Leid, Sünde, Mißklang und Bedrohung durch Untreue und Tod in den Himmeln gefeiert wird von dem König und Bräutigam Jesus mit Seiner Braut, der Liebesgemeinde. „Braut" ist dann die eine Gemeinde und in ihr die Glieder, die sich aus allen Kirchen, Kreisen und Völkern zusammenfanden, weil sie in der völligen Liebe zu Jesus und allen Brüdern in Christo standen. Diese alle werden dann an einer Tafel - nun „eine Herde", eine „Braut", „Sein Weib" genannt (Offb. 19,7) – mit dem Herrn und Bräutigam in Liebe vereint sitzen dürfen.

Wer vermag die Herrlichkeit dieser Hochzeitsfeier auszusagen! Es ist ein Tag der Freude für Jesus und den ganzen Himmel. Das sehen wir an dem Jubelruf, der beim Kommen dieses Tages durch die Himmel klingt: „Halleluja, – denn der allmächtige Gott hat das Reich eingenommen. Lasset uns freuen und fröhlich sein und ihm die Ehre geben, denn die Hochzeit des Lammes ist gekommen!" (Offb. 19,6-7).

Wer begreift aber erst die Freude des Vaters, wenn Er die Frucht der Leiden Seines Sohnes

127

ansieht: die Braut – eine Sünderschar, doch nun dem Sohn gleichgemacht durch dessen blutigen Tod! Wer faßt die Freude des Sohnes, der nun dem Vater Seine Braut zuführen darf! An einer Schar unter Seinen Geschöpfen hat Jesus erreicht, wozu Er Sein Leben in den Tod gab, daß sie, wieder erlöst von der Sünde Macht, den Schöpfer widerstrahlen. Die Schrift sagt uns, daß schon bei der Befreiung Seines Volkes die Bäume in die Hände klatschen sollten, um Gott mitzuloben (Jes. 55, 12). Wieviel mehr wird droben alle Kreatur mithineingezogen werden, wenn die himmlischen Freudenlieder erklingen und der ganze Himmel ein Reigen und Singen, ein Neigen und Beugen sein wird vor dem, der diesen Tag herbeigeführt hat. Er, der aller Schönheit Ursprung, die Zierde des Himmels, die Freude des Vaters und der Braut, der die Liebe aller Liebe ist, trägt noch die Wundmale als Zeichen Seiner Liebe zu uns und Seines Leidens, durch das Er uns erlöste. Sollte bei Seinem Anblick das Neigen und Beugen, das Anbeten und Niederfallen jemals enden?

Das ist das Wunder der leidenden Liebe Jesu, die nun gesiegt hat und aus Menschen des Hasses Menschen der Liebe machte, ja ein Reich der Liebe werden ließ. Seine Liebe hat gesiegt – davon sagt die Hochzeit des Lammes. Dieser Liebe, die für uns in den Tod ging, ist Macht über alles gegeben. Sie behält den Sieg auch über eine Welt des Hasses. Und der Sieg beginnt bei der Erstlingsschar, der Brautgemeinde.

So lebt der ganze Himmel auf diese Hochzeit des Lammes zu, wenn endlich, endlich nach Jahrtausenden die Gemeinde, Sein Leib, „Sein Weib", der Zahl nach vollendet und heimgekehrt ist. Welch entscheidender Tag für Himmel und Erde! Denn wenn die Erstlingsschar der Erlösten (Röm. 8,23; Offb. 20,6) heimgekehrt ist, folgen die anderen Scharen. Dann geht der Siegeszug der Liebe weiter, wie Offenbarung 22 geschrieben steht, daß auch die Nationen gesunden werden, die von den Lebensbäumen essen. Also nicht nur die ganze unerlöste Kreatur (Röm. 8,19-22), sondern die Völker, die Menschheit, warten auf die Heimkehr der Erstlinge und somit die Hochzeit. Bei der Hochzeit des Lammes geschieht letzte Vereinigung der Liebe zwischen Gott und Menschen. Müssen da nicht die Flammen dieser Liebesglut in das Weltall hinausgehen? Ja, die Hochzeit des Lammes ist der Anbruch der neuen Zeit des Reiches Gottes, denn: „Der allmächtige Gott hat das Reich eingenommen." Dann, nach dem Tausendjährigen Reich, wird das neue Jerusalem, das ist ja Seine bereitete Braut, auf die Erde herniederkommen und diese mit seinem Glanz erfüllen. Alsdann werden ein neuer Himmel und eine neue Erde sein, da Gott inmitten wohnt, und Er wird mit dieser Schar, die zur Hochzeit des Lammes berufen ist, Sein Reich regieren in großer Herrlichkeit.

Darum wartet Jesus auf das Heimkommen der Erstlinge, – denn ehe sie heimgekommen sind und die Hochzeit des Lammes stattgefunden hat, können die anderen nicht der Erlösung teilhaftig werden, kann Er Seine Königsherrschaft nicht aufrichten. Verstehen oder ahnen wir, wie Gott auf die Hochzeit Seines Sohnes wartet, wie Jesus wartet? Es ist das Harren der Liebe, die es nicht abwarten kann, mit denen, die sie liebt, vereint zu sein, die will, daß allen Menschen geholfen werde und alle Kinder heimkehren ins Vaterhaus. Wie der Vater im Gleichnis vom verlorenen Sohn verlangend nach diesem ausschaut, wie ein Bräutigam sehnlich auf seine Hochzeit wartet, so auch die ewige Liebe, der Bräutigam Jesus, auf den Tag Seiner Hochzeit.

Sollte darum nicht auch bei uns die Hochzeit des Lammes der Mittelpunkt all unseres Sehnens und Trachtens sein? Sollten wir nicht aus Liebe zu Jesus rufen: „Ach, komme bald, Herr Jesu! Laß Deinen Tag erscheinen, auf daß Deine Liebe triumphieren kann und Deine Freude vollkommen werde!" Spüren wir nicht, wie die Himmel sich schon rüsten auf diesen Seinen Tag? Er ist nahe!

Selig aber ist der zu nennen, der an jenem Tag vor dem Herrn bestehen wird, weil er in der „ersten Liebe" zu Jesus stand und davon sein Leben geprägt war. Selig, wem so die Liebe den Eingang zum Hochzeitssaal bereitete in der Kraft Seiner Erlösung. Freude und Wonne sind keine Worte mehr, das auszudrücken, was diese Seelen ergreifen wird. Unaussprechliche Herrlichkeit erfaßt sie, und „sie werden trunken von den reichen Gütern seines Hauses" (Psalm 36,9).

Ja, es werden „bei ihm sein allezeit" und für alle Ewigkeit diese unaussprechliche Herrlichkeit schmecken, Sein Angesicht sehen und satt werden an Seinem Bilde (Psalm 17,15), dem schönsten Bild im Himmel und auf Erden, an unserem Herrn Jesus Christus,

d i e   I h n   l i e b e n .

A︎lles preist Gottes Lamm,
alles den Bräutigam
voll Glorie und Majestät;
alles nur jauchzt und singt,
Himmelssaal hell erklingt
vom Preisen der Gemeind.

Kein Stimme ruht und schweigt,
alles hoch lobt, sich neigt
vor Gottes heiligem Thron.
Kronen voll Herrlichkeit
durchstrahln die Himmel weit
mit ihrem güldnen Glanz.

Voll Freud das Herz schier springt,
wenn es das Lamm besingt
auf allerhöchstem Thron.
Sein Antlitz strahlt so schön,
niemand kann satt sich sehn
in alle Ewigkeit.

Jesus, wie bist Du schön!
Anbetend Heilge sehn
den Schönsten der Menschenkind',
neigen sich ehrfürchtig,
beugen sich demütig
vor Seiner Majestät.

Himmelswelt, Heimat du,
dir eilt mein Seele zu,
droben ich bin nun zu Haus.
Vater und Sohn und Geist,
hier von der Erd mich reißt,
daß ich vereint mit Gott.

Wir sind
geschaffen,
GOTT
ZU LIEBEN.
Darum ist
unsere eigentliche
Bestimmung
erst erreicht,
wenn wir zu Jesus
in der ersten Liebe
stehen,
die voll Glut
und Hingabe
ist.

LIEBE ist
um so mächtiger
und glühender,
je größer das Opfer ist,
das sie für den
bringen will,
den sie liebt.
Der wahren Liebe
zu Jesus ist
kein Opfer zu schwer,
denn

OPFERN
IST IHR
LEBENS-
ELEMENT.

DIE
LIEBE
ZU JESUS
MACHT
UNS ZU
LIEBENDEN.
✝
Wer Ihn liebt,
muß auch
die Brüder
lieben.

GEBET UM DIE »ERSTE LIEBE«

Mein Herr Jesus,
ich brauche die »erste Liebe« zu Dir, wie sie die
ersten Christen hatten. Anders werde ich die
kommenden Leiden – solche, wie sie die Welt
noch nie gesehen hat – nicht durchstehen. Gib
mir bitte diese Liebe, die stärker ist als jede
Not, ja selbst als der Tod. Gib mir die starke
Liebe, die alle Feuersgluten nicht verzehren
können, auf daß ich Dich nicht verleugne in
der Stunde der Verfolgung, der Bewährung,
sondern Dir treu bleibe bis ans Ende.

Gib mir aber vor allem als erstes Reue, wo
meine Liebe zu Dir lau und halb war – ich Dich
nicht, wie Du gesagt hast, über alle und alles,
mit allen Kräften, mit ganzer Hingabe liebte.
Gib mir den Reueschmerz, aus dem die Liebe
zu Dir erwächst.

Ich will absagen allem, was falsche Bindungen
sind, die meiner Liebesverbindung zu Dir im
Wege stehen, sie lockern oder lösen: wie Ge-
bundensein an mein Ich, meine Familie, einen
Menschen, auch an meinen Beruf, Ehre, Besitz, Dinge, an Lebens- und Verhaltenswei-
sen, die Dich betrüben und verunehren. Hilf
mir, diese Lösung in der Kraft Deines Blutes

zu vollziehen, auf daß die Liebe zu Dir Raum bekommt. Dir will ich fortan leben und nicht mehr mir und meinem Wünschen und Begehren, Dir will ich fortan leiden aus Liebe zu Dir.

Mein Herr Jesus, Du Lamm Gottes, fülle mein Herz mit der Liebe zu Dir, daß ich Dir folge in Not und Tod als Dein kleines Lamm, leidend aus Liebe und Dank für Dein qualvolles, bitteres Leiden und Sterben. Ich glaube Dir, daß Du mir diese glühende, starke Liebe gibst durch die Kraft Deines Blutes. Amen.

Ergänzend zum Thema dieses Buches erschienen im gleichen Verlag von M. Basilea Schlink:

ALLES FÜR EINEN
Vom größtem Schatz jedes Christenlebens:
der Liebe zu Jesus

„Mit jeder Seite erweckte und vermehrte Ihr Buch meine Liebe zu Jesus und ließ mich Seine Realität lebendig spüren."   USA
„Nie vorher habe ich solch ein glückseliges Leben gelebt wie jetzt, nachdem ich dies las. Nun ist Jesus mein bester Freund und bedeutet wirklich alles für mich."   Philippinen
33. Tsd.   232 Seiten   Kt

WIE ICH GOTT ERLEBTE
Sein Weg mit mir durch sieben Jahrzehnte

„Es ist keine gewöhnliche Lebensgeschichte, sondern zugleich ein Ratgeber und Tröster. Und das Beste ist wohl, daß man beim Lesen des Buches Lust bekommt, Jesus immer mehr lieben zu lernen."   Finnland
21. Tsd.   648 Seiten   16 Fotoseiten   Pb

WENN ICH NUR JESUS LIEBE
Aus dem Leben unserer Schwester Claudia

„Ich bin durch diese Schrift in eine persönliche Verbindung zu Jesus gekommen, wie ich sie zuvor nicht hatte."   BRD
54. Tsd.   36 Seiten   Gh

GEBETSLEBEN
Anleitung und Gebete

„Es liegt eine große Kraft, Gottvertrauen und fester Glaube in den Gebeten." — „Vor allem die Anleitung zum Gebet im Kampf wider die Sünde fand ich noch nirgends so nüchtern und weisend ausgesprochen."   BRD
36. Tsd.   176 Seiten   Kst

HEILIGES LAND – HEUTE
Stätten des Lebens und Leidens Jesu

„Das Buch zeigt das Handeln und Reden, Lieben und Leiden Jesu Christi auf dem geschichtlichen Hintergrund vieler Orte des Evangeliums auf." – „Man erlebt das Leben und Leiden Jesu mit – darum wird dieses Buch unversehens zu einer Hinführung zu Gebet und Nachfolge."   BRD
16. Tsd.   568 Seiten   Kst

LASS MEIN LIEBEN DICH BEGLEITEN
Die Passion Jesu – ein Ruf an uns

Hier offenbart sich das Tiefste des Wesens Jesu – Seine Liebe, die uns zur Liebe erweckt. Ein Begleiter – nicht nur in den Wochen vor Ostern, sondern durch das ganze Jahr –, der uns zum lebendigen Gebet führt.
20. Tsd.   240 Seiten   Kst

DICH WILL ICH BESINGEN
37 Lieder der Liebe zu Jesus – als Heft mit vierstimmigen Sätzen oder auf Cassette / Tonband mit Instrumentalmusik

Dies Büchlein erfüllt die Sehnsucht mancher, auch in Zeiten innerer Armut Worte und Weisen der Anbetung und Liebe zu Jesus zu finden, die Ihn erfreuen und Ihm, dem heute so vielfach Verhöhnten, Ehre bringen.
20. Tsd.   64 Seiten   Gh   Kleinformat